美国宪法的"高级法"背景

The "Higher Law" Background of American Constitutional Law

〔美〕爱德华·S.考文/著

强世功/译 李强/校

北京大学出版社
PEKING UNIVERSITY PRESS

目 录

序　言 /1

爱德华·S.考文小传 /1

美国宪法的"高级法"背景 /1

　第一节 /11

　第二节 /53

　第三节 /92

　第四节 /133

　第五节 /166

译后记 /203

序　言

对宪政政府的信仰是美国传统的核心。当美国人宣誓忠于民主时(在这个胜利与挫折相交织的年代,他们往往必须如此),他们指的是宪政的民主,即一种根据成文宪法分配政治权力且权力行使者受制于法治的政体。在他们看来,民主与宪政之间并不存在内在的冲突,后者只不过是用来保证前者的运行既安全、理智而又可以预测。因为人们,甚至连上帝赐福的美国人,总是可能被外在的诱惑所吸引,因此,行使权力的滋味和感觉就会将他们诱向腐败。所以,人们必须同意依照他们自己设定的约束来管理自己,否则他们就会丧失自由。由于民主依赖于这样一种共同约定,即它应该通过反复协商和相互妥协而缓慢推进,应该避免鲁莽草率的举措所导致的无法挽回的恶果,因此,人们必须认识到,以"宪政"著称的各种复杂的思想和程序,决不会阻碍民主进程,而会推动民主的进程。

像其他国家和其他文化的人们一样,美国人也借助于某种象征来表达他们最为珍视的信仰。1787年宪法既是美国人民宪政的象征,也是宪政的工具。它规定了一系列富有创见性的权利授予和权力限制。人们对它的景仰和崇敬绝不是漫不经心的,而是诚心实意的。美国人对其宪法的尊崇经常到了偶像崇拜的地步,这可以根据许多不同的理由予以解释。当然,有一种解释将此归于宪法的来源:在法律上,宪法是由拥有主权的人民制定的,而在事实上,它是由"一群半神的人物制定的",其中一些名字就是华盛顿、麦迪逊、汉密尔顿和富兰克林等。另一种解释将此归于宪法的历史久远,它虽然不比英国的《大宪章》和《摩西十戒》那样引人注目,但是，现在它比世界上任何其他政府宪章都具有更长的历史。还有一种解释将此归于宪法的成就，它不仅作为自由与团结的辉煌标志，而且被看做是考验并赐福于有序自由的严导恩师。但是，最令人信服的解释是将此归于深深植根于美国人心目中的信念——宪法表达了更高级的法，它实际上是不完美的人最为完美地复制了布莱克斯通所至尊为"区分善恶的、永恒不变的法，这种法连造物主本身在其设定的所有管理制度中都予以遵守，而且只要这种法有必要来指导人类行为，那么造物主就使人类理性能够发现它"。几乎从宪法提交制宪会议讨论的那一天起，这种信念就对美国宪法产生了决定性的影响。

考文教授的这篇著名论文（近二十年来第一次在此重印）雄辩地向人们介绍了美国宪法作为更高级的法这一思想。自从它最先发表于1928—1929年的《哈佛法律评论》以来[1]，这篇探索美国宪法的那些悠久思想渊源的文章,已成为宪法和美国政治思想方面受到广泛赞誉、且最常被人引用的论文之一。它一直受到人们尊敬的原因是显而易见的。首先是它的渊博,只要看看其脚注*,这些脚注代表了考文教授学术贡献的特点,它给教师和学者提供了很大的帮助;其次是它的雄辩,只要看看他对著名学者布莱克斯通采取的那种权威性评价就够了——"布莱克斯通对各派人物的魅力并不难以理解。尽管他的著作中有一些显然自相矛盾的地方,但其中表现出的滔滔雄辩、温文尔雅和镇定自若,以及他那善于巧妙地提出新观点、而又不至于不必要地打扰老观点的能力,都显示了他是一位在法律条文上和司法实践中运用隐晦风格的榜样和楷模。"最后,也是最重要的,就是它的谦逊,任何读过此书的人都不可能不认识到,我们美国只不过是西方文明的一部分。我们在这本书

---

* 出于体例上的统一,译文改为尾注。——译者注

里遇到的思想家——狄摩塞尼斯、索福克利斯、亚里士多德、西塞罗、塞涅卡、乌尔比安、盖尤斯、索尔兹伯里的约翰、塞维利亚的伊西多尔、圣托马斯·阿奎那、布雷克顿、福蒂斯丘、柯克、格劳秀斯、牛顿、胡克、普芬道夫、洛克、布莱克斯通——都主张人类生活所遵循的法律能够、而且应当"体现根本的、永恒不变的正义"。我们可以将这些人尊为我们进行有序自由这一试验的先驱者。当我们处在国家力量最强盛、自我评价最满意的巅峰状态之时,记住我们的政治传统和宪法不过是两千多年以来一直茁壮成长、而且依然充满活力的枝干上迟迟盛开的花朵,这对我们将大有裨益。

剩下的话与其说是介绍,还不如说是赞誉。一个美国政治思想和宪法思想方面的学者和教师,在介绍考文教授的代表性著作时,若只字不提我们所有人从这位才学卓著的学者那里获得的不可估量的教益的话,那也未免太不像话了。他的那一大摞著作就足以证明他对我们的贡献。我数了一下康奈尔大学图书馆的目录卡,他的著作整整占了20张,其中至少有十几种在当时是适时的,且现在仍然具有权威性(我是在褒意上运用这两个有点夸张的形容词的)。至于他在学术期刊上发表的论文的总数,我就不敢妄加猜测了。

他既是其他老师们的老师,也一直是使其他学者们受益的学者,他在思想史和宪法史的深处探幽钩玄,眉目清晰地整理出大量非常珍贵的资料供我们放心使用,而我们中可能很少有人有时间或有天资自己去挖掘这些资料。考文教授在完成所有这些工作时所展示的彻底性和精确性在美国政治学界还无人能超越。如同学术巨匠奥特·冯·祁克一样,他也倾向于认为:"在将来相当一段时间里,还不太可能有人会分毫不差地踏上我已艰辛跋涉许多年的同一条路径。"因为他已使得那些重蹈此径的人们发现,此路已变为坦途。

这里所选的论文《美国宪法的"高级法"背景》是考

文教授学术思想的典范。我们再一次将这本书介绍给宪法理论和政治理论的学者,以期他们在伟大的美国传统的源流中获得指点和启示。

克林顿·罗西特

纽约,伊萨卡,1955年2月

注　　释

[1] *Harvard Law Review*, XIⅡ(1928-1929), 149, 365;重印于 *Selected Essays in Constitutional Law*(Chicago, 1938), Ⅰ, 1-67.

爱德华·S.考文小传

爱德华·S.考文,美国宪法史学家,1878年生于密歇根的普利茅斯附近一个古老的新英格兰家族。1900年毕业于密歇根大学,并于1905年获宾夕法尼亚大学博士学位。同年他被伍德罗·威尔逊招聘为普林斯顿大学最初的那批教员之一。这批人中有许多后来成为著名的教师和学者。考文教授一直执教于普林斯顿大学,直至1946年退休。世界各地的普林斯顿人回忆起这位麦考密克法理学讲座教授所讲授的那门"刻板但才华横溢"的宪法解释课,至今仍充满深情眷意。

如果说考文教授给普林斯顿留下了不可磨灭的印记,那么他在美国政府理论和实践方面留下的印记则更为深刻且影响久远:自从他第一次拿起那支入木三分的洞见之笔,美国的宪法——不仅是教授们讲授的那种宪法,而且,是由参议员们相互辩论并由法官们予以宣示的那种宪法——就再也不是原来的那副样子了。《宪法所规定的总统免职权》(*The President's Removal Power under the Constitution*)(1927)、《最高法院的黄昏》(*The Twilight of Supreme Court*)(1934)、《通商权力对各州权利》(*The Commerce Power versus States' Rights*)(1936)、《宪法之上的法院》(*Court over Constitution*)(1938)、《总统:职位与权力》(*The President: Office and Powers*)(1940,1948年再版)、《宪法与世界组织》(*The Constitution and World Organization*)(1944),考文教授的这些著作不仅改变了研究美国问题的学者们的思想,而且改变了华盛顿那些大权在握的政府官员们的观念。他的其他一些著作也不应当被遗忘,起码这几本肯定不应当:《司法审查原则》(*The Doctrine of Judicial Review*)

(1914)、《总统对外交关系的控制》(*The President's Control of Foreign Relation*)(1917)、《约翰·马歇尔与宪法》(*John Marshall and the Constitution*)(1919)、《全面战争与宪法》(*Total War and the Constitution*)(1947)、《对抗政府的自由权》(*Liberty against Government*)(1948)。所有这些著作至今仍然是每一位自尊自重的宪法学教授常常查阅引证的有益文献。

考文教授在普林斯顿度过了所谓的"退休岁月"。在那里,他不时给年轻一代作有关宪法问题的讲座。他一生取得很高的荣誉,诸如美国政治科学协会主席(1931),哈佛大学文学博士(1936),密歇根大学法学博士(1925)、普林斯顿大学法学博士(1940)和美国哲学协会的富兰克林勋章(1940),但他并没有满足于这些荣誉而闲度晚年,他仍然在美国宪法这块繁茂的葡萄园里辛勤耕耘,并取得累累硕果。其最新成果就是《宪法及其在今天的含义》(*The Constitution and What It Means*

Today)(1954)。这本著名的小书最初于 1920 年出版,这次是第 11 版。此外还有《美利坚合众国宪法:分析与解释》(*The Constitution of the United States of America: Analysis and Interpretation*)(1953),这本长达 1350 多页的政府文件给人留下深刻的印象,它成为每个国会议员可以信赖的关于宪法及其 4000 个判例的指南,正是这 4000 个判例使得美国宪法成为今天这个样子。

克林顿·罗西特

美国宪法的"高级法"背景

爱德华·S.考文(Edward S. Corwin)

理论之于法律的教条,犹如建筑师之于建房的工匠,乃其最重要的一部分。

——霍姆斯,《法学论文集》(1921),第200页。

宗教改革以天经地义的《圣经》取代了一贯正确的教皇;而美国革命用一纸文件的统治取代了国王的统治。对于这样的结局,人们一开始并非没有料到。潘恩在《常识》(*Common Sense*)中曾提出美国应宣布独立于大英帝国这一激动人心的建议,就在同一本书中,他极力主张召开"大陆会议",其任务潘恩描述如下:

> 在会议成员聚议的时候,他们的任务就是草拟一部大陆宪章或联合殖民地宪章(以应答英国所谓的《大宪章》),确定选举国会议员和州议会众议院议员的人数和方式,……并且划定它们之间职责与管辖范围的界线(要经常牢记,我们的力量源于整个大陆,而不是个别的州),以确保所有人的自由和财产,……以及一个宪章必须规定的其他内容。……可是有人会说,北美的国王在哪儿呢?那么我们最好甚至在世俗的德行方面都不暴露出缺点来,让我

们庄严地确定公布宪章的日子;让产生的宪章以神法,即圣经,为依据;让我们为宪章加冕,由此世人就会知道,如果我们赞成君主政体的话,那么在北美,法律就是国王。[1]

在十多年后的费城制宪会议上,潘恩的这一建议最终得以实现。这一建议之所以能引起人们的兴趣,与其说是由于它预言了后来的结局,还不如说由于它回顾了此前的情形。

用更年轻的亚当斯的话来说,"美国宪法本身是一个反抗中的民族在迫切需要的困境中硬给逼出来的"。[2]但是,它一旦生效之后,所有对其条款的敌意批评不仅不见了,而且还代之以"一种对其原则不加分辨的、近乎盲目的崇拜"[3],——这种崇拜直到不久以前还基本上从来没有受到挑战。尽管其他的一些信条皆有兴衰更迭,但是"对宪法的崇拜"却毫无异议地持续下来。[4]的确,废奴运动者习惯于将美国宪法污蔑为"与地狱的协议"。但是,他们这种刺耳的异端言论,只能激起美国民众重申这一民族信仰。甚至南方脱离联邦政府也要装出忠于美国宪法诸原则并抗议对它践踏的样子,而且至少从形式上讲,除了少许微不足道的偏离之外,南部联邦宪法是一部经过深思熟虑的、1787年宪法的复制品。白哲特对英国君主政体的赞美可以直接运用于美国宪法:"英国的君主政体以宗教的力量强化了我们的政府。"[5]只不过英国君主制的历史更为久远而已。

美国宪法通过之后出现的一片繁荣景象无疑是宪法最初受到美国人民钟爱的原因。其时。理查德·布兰德·李在游历了美国各地之后,发现"几年前无人耕种的荒地,现在人烟稠密,一派丰收的景象:新的住宅随处可见,每个人都喜笑颜开,每张饭桌都食物丰盛……"他接着写道,"美国宪法想要的不就是这样的效果吗?它成功了!"其实,在这一点上,对美国宪法的溢美之词可能有点过头了。严峻的麦克莱抱怨道:"那些夸夸其谈的绅士们总是如此,当他们赞扬现在的政府时,作为对照,总是要描绘一番在旧议会(大陆议会)统治下的国家的景象,仿佛在大家兴高采烈地通过新宪法之前,美洲就是一副草木不生、河水不流的样子。"几年之后,当欧洲出现的骚乱局面既帮助了、又以对比的方式宣扬了我们这个上帝赐福的国家时,约西亚·昆西道出了一种忧虑,"我们在这巨大的幸运面前变得眼花缭乱而失去了判断力,将国家繁荣的伟大归之于我们自己的智慧,而不是归因于事态的进程和一种我们无法影响的指导力量"。[6]

尽管人们关于宪法一通过就带来繁荣的信念可以解释宪法崇拜的起源,但它却留下了一个更为深层的没有回答的问题。它没有解释为什么这种崇拜将有效地导致社会繁荣这一确切的优点归之于宪法。要回答这一问题,我们首先必须将美国宪法置于其理论传统的背景之下,这种理论传统作为欧洲文化而广泛传播。当英国在北美建立殖民地时,这种理论在英国本土尤为盛行,尽管具有历史讽刺意味的是,一个半世纪之后,它成为导致北美殖民地与宗主国相分离的主要理论依据。

现在,我们习惯于将美国宪法的合法性和至上性——这实际上是同一事物的两个方面——统统归结为这样一个事实,即宪法(用其特有术语来说)是由"美国人民""制定的"。这样的话,它就包含了两个观点,其一是所谓"实证的"法律观,法律仅仅是人类立法者特定命令的一般表述,是一系列体现人类意志的法令[7];其二是这种命令可能追溯到的最高源泉是"人民",因为"人民"最可能体现人类的意志。这两种观点同时出现于查士丁尼的《法学阶梯》(*Institutes*)里那段经常被人引用的条文:"凡是君主的旨趣皆具有法律效力,因为根据赋予其权力(*imperium*)的王权法(*lex regia*),人民已将他们的全部权力和权威转交给他。"[8]美国的宪法和罗马帝国的法规(以这段著名的条文为依据)之间唯一的区别在于,前者被视为直接源于人民,而后者只是间接地源于人民。

然而,仅仅因为宪法植根于人民的意志就赋予其至上性,这只是美国宪法理论相对新近的一种产物。在此之前,赋予宪法以至上性并不是由于其推定的渊源,而是由于其假定的内容,即它所体现的一种实质性的、永恒不变的正义。由此产生的法律理论与我们刚刚考察过的理论恰好形成对比。这种理论宣称:有某些关于权利和正义的特定原则,它们凭着自身内在的优越性而值得普遍遵行,全然不用顾及那些支配共同体物质资源的人们的态度。这些原则并不是由人制定的;实际上,如果说它们不是先于神而存在的话,那么它们仍然表达了神的本性并以此来约束和控制神。它们存在于所有意志之外,但与理性本身却互相浸透融通。它们是永恒不变的。相对于这些原则而言,当人法除某些不相关的情况而有资格受到普遍遵行时,它只不过是这些原则的记录或摹本,而且制定这些人法不是体现意志和权力的行为,而是发现和宣布这些原则的行为。[9]美国宪法第九修正案规定:"本法所列举的一些权利并不损害其他没有如此列举的权利。"这一条就极好地阐述了上述理论,只不过超验正义的原则在此已被转化为人身权和私有权这一类术语罢了。然而,这些权利与政府权力的关系,和它们由此产生并予以反映的超验正义原则与政府权力的关系并无二致。它们的存在并非基于美国宪法的认可,——如果美国宪法想追求完美的话,对这些权利的认可是必不可少的。

由此,美国宪法的合法性、至上性以及它对尊崇的要求,同样奠基一个共同的、已经确立的基础之上,即人们深信有一种法高于人间统治者的意志。这样就产生一些疑问:这种"高级法"的观念从何而来?它何以能持续存在?其中又经历了哪些转变?它的哪些特殊形式对美国宪法史和宪政理论史更有意义？这种观念经由何种媒介、基于何种原因才传到美国,并塑造了美国的政府体制？本文下面要回答的主要就是这些问题。

第一节

狄摩塞尼斯尝言:"每一种法律都是一种发现,是神赐予的礼物——明智者的戒规。"[10]这句话即证明法律发现观是一个古老的观念。库利奇总统也说:"人们并不是制定法律,他们只不过发现法律而已……如果一种政体具有发现法律的最佳机制,那这个国家就再幸运不过了。"[11]由此可见法律发现观影响之久远。然则,并非每一个宣布,即使是最尊贵的人类权威的宣布,都必然是这个意义上的法律。这种看法在古代就有人主张过比狄摩塞尼斯早一个世纪的安提戈涅,因不服克瑞翁的敕令而诉诸"诸神固定不变的、不成文的习惯"。已经

7 将古老的习惯法置于人类制定的规则之上。[12]这种主张在第三个阶段上的标志,就是亚里士多德在《修辞学》(Rhetoric)中给该主张的倡导者的忠告,即当他们"依照国家的法律无法胜诉时",他们就应当"诉诸自然法",亚里士多德还引证了索福克里斯戏剧中的安提戈涅,主张"不正义的法律就不是法"。[13]换句话说,法律这个词的含义含糊不清,它既可指具有更高级内容的法,又可指具有较低级内容的法律,此外,还应该存在某些凭借前者以反对后者的手段。

但是,正如亚里士多德自己的话所表明的那样,将高级法等同于习惯并不是这一问题的最后结论。在这种观念可以作为一种历史上真正伟大的人性化力量而开始具有普遍性意义之前,它的早期概念不得不像希伯来人的上帝概念那样经历一番演变,只不过由于智者及其批评者苏格拉底,这一演变的历程才大大缩短了。即使在希腊诸城邦中,习惯既不是永恒不变的,也不是一律相同的,这一发现促使智者派得出这样的结论:正义或者只是"强者的利益",或者充其量只是人们纯粹基于方便的考虑而形成、并且基于类似的考虑可废止的惯例。[14]事实上,这两种观点最终融为一体,因为那种无法维持自身存在的东西不可能成为对人们方便的东西,而那种能够维持其存在的东西,从长远来看必然是根据其支撑者的利益而塑造的。幸运的是,对于智者提出的问题,这并不是唯一可能的解决办法。在苏格拉底对智者学说所做的分析和柏拉图的理念论的基础之上,亚里士多德在其《伦理学》(*Ethics*)中提出了"自然正义"的概念。他写道:"在政治正义中,一部分是自然的,一部分是法律的——自然的是指在每个地方都具有相同的效力,它并不依赖于人们这样或那样的想法而存在;而法律的则意味着起初既可以是这样,又可以是那样……"[15]也就是说,国家强制实施的正义,其基本成分不是国家自己精心设计的东西,而是从自然中发现的东西,是对自然永恒不变性的摹仿。

但是,在实践中,用什么标准来检验人类的法律和宪法中是否具有自然正义的成分呢?依照其自然正义具有普遍性的思想,亚里士多德不可避免地将合理的东西等同于人法中普遍存在的东西。在《政治学》(Politics)中,他提出人治和法治哪一个更可取的问题,他对自己的问题予以毫不含糊的回答。"看起来,给法律赋予权威就是仅仅给上帝和理性赋予权威;而给人赋予权威就等于引进一个野兽,因为欲望是某种具有兽性的东西,即使是最优秀的人物,一旦大权在握总是倾向于被欲望的激情所腐蚀。因此,我们可以得出这样的结论:法律是摒绝了激情的理性,所以它比任何个人更可取。"[16]这段话的意思后来凝结为哈林顿的名言:"要法治的政府,不要人治的政府。"[17]它于亚里士多德之后近两千年,首先体现在1780年的马萨诸塞宪法中[18],后来又体现在马歇尔大法官在 Marbury v. Madison 案的判决意见中。[19]事实上,这段话所揭示的人类统治者的欲望与法律的理性之间的对立,构成了美国人对分权理论的解释和整个美国宪法体系的基石。

人们是这么评说柏拉图的,"在他之前,哲学之城是砖瓦之城,而柏拉图将它建为黄金之城"。[20]斯多噶哲学对高级法这一概念所起的作用也可以作如是描绘。一般认为,亚里士多德的"自然正义"主要是一种立法者遵循的规范和指南,而斯多噶派的"自然法"(*Jus Naturale*)却是全人类通往幸福的坦途。最高的立法者是自然本身;自然秩序也并非仅指现代科学所探究的那个物质的秩序。斯多噶主义所强调的自然法概念是一种道德秩序的概念,人们通过上帝赐予的理性能力与诸神一道,直接参与这种秩序。自然、人性和理性是一回事。[21]自然法概念显然是一种伦理概念而非政治的或法律的概念,这并不是没有原因的。斯多噶主义诞生于希腊城邦的废墟之上。柏拉图与亚里士多德主要用政治手段来实现人类幸福的信念已证明是一种幻想,希腊人重新凭借自己的思想资源,发展出一种全新的世界观,它既是个体主义的,又是世界主义的。

自然法观念经斯多噶主义的拓展和充实之后,由西塞罗将其恢复为世界性的法律和政治观念。西塞罗的《共和国》(*Republica*)经由另一位作者的著作保留给我们(在优美文风的保存质量方面,很难再找到如此明显的例子),在其中的一段话中,西塞罗提出了他的自然法观:

10   真正的法律乃是正确的理性,它与自然和谐一致。它散播至所有的人,且亘古不变、万世长存;它以其命令召唤人们履行义务、以其禁令约束人们为非作歹。……人类立法不得企图背离该法,这是一项神圣义务;而且不得毁损该法,更不得废弃该法。事实上,无论元老院还是人民,都无法使我们不受该法的约束;它也不需要我们自己之外的任何人作为其解说者或阐释者。不可能在罗马有一种法,在雅典有另一种法;或者现在有一种法,将来有另一种法;有的只是一种永恒不变的法,无论何时何地,它都是有效的……[22]

不过,西塞罗的独特贡献还是体现在其《法律篇》(*De Legibus*)中。在那里,他将"正确的理性"等同于那些人性的特质,正是通过这种人性的特质,"人与神才取得联系"。[23]他将市民法本身的约束特性归之于它与这种人性的普遍特征和谐一致。他声称在人的自然禀赋中,尤其在其社会属性中,"将会发现法律和权利的真正源泉"。[24]后来他又说:"我们为正义而生,公义并非仅仅是意见的任意设置,而是一项自然的制度。"[25]由此,正义就并非如伊壁鸠鲁的信徒们所说的那样,仅仅是一种功利,因为,"那些基于功利考虑而确立的原则,也会由于功利的原因而被推翻"。[26]简言之,可以在人性本身的不变因素中发现持久的正义,它超越了任何基于方便的权宜,如果实在法要想获得人类良知的忠诚的话,就必须体现这种正义。

而且,西塞罗无疑认为,人类权威一般皆已满足了这种要求。因此,他说:"法律是我们所享有的自由的基础,我们只有做法律的奴隶才能获得自由。"[27]很显然,这里的法律指的是市民法。同样重要的是,他断言:"没有任何东西能比国家权威(*imperium*)"以及随之而来的法律统治的图景(其中,市民法成为整个宇宙秩序格局的一部分)"更符合公正和自然秩序"。[28]然而,正式法,尤其是制定法,有的时候仍然可能与"真正的法律"没有任何联系,因此完全丧失了被尊为法的资格,这当然是西塞罗整个立场中隐示的含义。的确,我们不得不借助于这种含蓄的暗示。西塞罗写道:"并非各民族的市民法和制度所确立的一切东西必然是正义的";"正义也并不等同于遵守成文法"。[29]诚然,凡夫俗子们习惯于将"文字写成的用来禁止做某些事情和命令别人干某些事情的"一切皆称之为"法",但是,这只在口语意义上才成立。[30]"如果仅通过人民的命令、君王的敕令和法官的裁判就可以设定公正的话,那么,为了使抢劫、通奸或伪造遗嘱成为正确和正义的行为,所需要的可能仅仅是大众投票而已",但是,"事物的本性"不会就此屈从于"愚氓者的意见和命令"。[31]尽管如此,"许多不配名之为法的、错误有害的措施在各个民族中仍然不断予以制订"。[32]真正的法律是"依照自然来区分正确和错误的规则",而"其他任何类型的法律不仅不应当看做是法,而且也不应当称之为法"。[33]

但是,当披着法的外衣的法律与真正的法律相冲突时,又有什么办法来补救呢?在回答这一问题时,罗马法中与制定法律相关的一些程序形式向西塞罗提示了某种与司法审查制度极其相似的东西,这就是罗马人在成文法规中规定保留条款的惯例。保留条款的大意是颁布法律的目的并不是要废除那些神圣不可侵犯的东西

13 即法(*jus*)。[34]通过这种方式,某些准则,或西塞罗所称谓的法律学说(*leges legum*)[35]——其中一些直接控制着立法程序本身[36]——便被上升为一种约束立法权的成文宪法。我们发现,西塞罗不止一次借助这种条款,援引法(*jus*)来反对某个制定法,有其中一次,他质问道:"它是什么?那并不是法(*jus*)!……这个保留条款(*adscriptio*)宣布,法是确确实实存在的东西,否则我们的全部法律中就用不着对它作出规定了。我来问你,如果人民已命令我应当是你的奴隶,或你应当是我的奴隶、那么、颁布、制定并确立这样的命令应当是有效的吗?"[37]另外有几次,他指出占卜官和元老院有权废止那些没有依据法(*jure*)制定的法律。尽管在此可能指的是立法程序,而且他还提到运用这种废止法律之权力的例子。[38]我们还发现,在元老院的一次讲演中,西塞罗直接诉诸"正义的学说"(*recta ratio*)来反对"成文法规"(*lex scripta*)。[39]

美国宪法体制的创设者是否确实曾在相当程度上注意到西塞罗所勾勒出的司法审查制度,这似乎是相当令人置疑的。[40]尽管如此,将西塞罗的描述和亚里士多德的类似建议放在一起就会看出,从高级法融入市民法的观点,跨向一种经常求助于高级法以反对市民法的观点,即使不是不可避免的,也是相当便捷的。如果说西塞罗对司法审查制度的确立没有起到直接作用,那么,至少可以说,他的某些思想通过融入到为该制度辩护的正当理由中而间接地起了作用。在这些思想中,首先一点就是他所主张的,除了个人自己以外,自然法不需要任何阐释者[41],这一看法现在仍然有时反映在法官和评论者的争论之中,即违宪的法规本质上(*per se*)就是违宪的,并不是由于任何法院权威宣布它违宪才违宪的。另一点就是他把法官描述为"宣布法律的人","法官乃会说话的法律,法律乃沉默的法官"(*magistratum, legem esse loquentem, legem autem mutum magistra-*

tum）。[42]《法律篇》中这句话的意思在柯克的《法律报告》中重新表述为"法官乃法律之喉舌"（*Judex est lex loquens*）。[43]这两个观点对司法审查理论的重要意义将在后面予以阐述。

15　　在西塞罗自然法观的其他论点中,最突出的就是他的人类平等观：

> 世界上没有任何东西犹如人与人之间,在所有情况下,皆如此相似或如此平等。若非习惯的败坏和意见的善变导致心智的冥顽不灵且背离自然之道,则所有人之间之相似不亚于个人与其自身之相似。所以,无论给单个人以何种定义,皆可适用于全人类。[44]

这不仅是精彩的斯多噶学说,也是西塞罗关于人性的独特属性(这些属性构成了自然法的基础)持久不变这一看法的必然结论。

就融入美国宪法理论中的其他一些自然法主张而言,不可能如此信心百倍地追溯其渊源。人民主权观[45]、社会契约论[46]、统治者与被统治者订立契约的思想[47],皆可以在西塞罗的思想中找到或清晰或含混的雏形。另一方面,自然状态的观点在西塞罗思想中并不存在,这一观点是由塞涅卡和早期教父们提供的,他们将原始的政治形态界定为人类堕落之前伊甸园的状态。[48]也正是塞涅卡修正了西塞罗没有意识到的人类平等与奴隶制之间的矛盾(后来《独立宣言》的签署者也没有意识到这一矛盾)。[49]塞涅卡的观点后来被一些伟大的罗马法学家所认可。乌尔比安在其公元2世纪末所写的著作中无条件地主张"依照自然法,所有人生而自由",300年后的《法学阶梯》中又重复了这句话。[50]在此,自然法已经产生了自然权利的内容,而自然权利最终使自然法相形见绌。

与西塞罗倡导自然法(*jus naturale*)时的雄辩同样重

17 要的是这一倡导恰逢其时。当实施罗马法的官员们逐渐意识到,由于受原始部落的那一套繁文缛节和怪僻做法的拖累,他们那套刻板而古老的法典需要加以修改,以满足早已威震地中海世界的罗马帝国的需要时,西塞罗恰好将斯多噶的普遍法观念带到罗马法中来。罗马的外事大法官(*praetor peregrinus*)为了努力满足经常往来于罗马的外邦人的需要,很早就开始构建一部法典。尽管不是出于法典创始者的有意识设计,法典在许多方面大体体现了斯多噶派简单明了且符合人类关系基本特征的理想。可以想象,将斯多噶派的理想条理清晰地介绍给罗马法学家,一定大大促进了这一进程。其结果从万民法(*jus gentium*)的概念中就可以看得出,盖尤斯及后来的《法学阶梯》将万民法定义为:"自然理性在全人类中创设的法律","由所有民族平等地遵守",而各个民族的市民法(*jus civile*)只是专门适用于本民族的法律。[51]如果依照这种万民法观念来重新解释,罗马法便成为世界性的法典。同理,自然法(jus raturale)也以一种法律的面目出现,不仅具有了确定的内容,而且有强力保证实施———一句话,自然法成了"实证法"。[52]

高级法的观念充斥于中世纪,它还因为存在着法典专门为统治者服务的观点而变得尤为锐利。在英国人索尔兹伯里的约翰(中世纪第一个系统阐述政治学的作家)的《政治论》(Policraticus)中,人们认识到:"有些法的戒律具有永恒的必然性,它在所有民族中皆具有法律效力而绝对不能违背。"[53]这种对西塞罗自然法观的明显模仿,特别是经塞维利亚的圣伊西多尔的著作和格拉提安的《教令集》(Decretum)[54],在以后的几个世纪里大行其道。但是,将高级法等同于《圣经》、教会的教义和《国法大全》(Corpus Juris)已和自然法观结合在一起,并且明显地在关键时期帮助了自然法观念的存活。正如《政治论》一书的译者所评论的那样,约翰并没有遇到使后来的自然法(jus naturale)倡导者常常感到棘手的那些困难,即"确定哪些具体规则或戒条属于自然法"。约翰使它们采用"明显的、《圣经》经文的形式"和罗马法中准则的形式。[55]

更为重要的是,约翰的理论是专门用来规劝君主的。这由于两方面的原因。一方面,自然法听从于具有"另一世界"观念的基督教的遣使,它已失去了原作为"生活方式"的全部意义,这种生活方式所允诺的目标是现世的幸福。同时,亚里士多德和西塞罗一直优先关注的立法艺术眼下也不存在了。另一方面,在日耳曼人的观念中,统治者仅仅是护卫者和裁判人。裁判人的职责就是审判,但是审判的标准又是什么呢?约翰对这一问题的回答实际是:自然法($jus\ naturale$),即恰好具有上述内涵的自然法。

约翰的学说还有一个重要特色,就是坚持区分"用基于暴力的统治权来压迫人民"的"暴君"和"依照法律来行使统治权"的"君主"。[56]约翰的这些提法预示着中世纪对现代政治理论的独特贡献——即所有政治权威具有内在限制的思想。正是从这种观点出发,约翰解决了罗马法中主张君主乃"绝对的立法者"(*legibus solutus*)[57]且"他所喜欢的皆具有法律效力"[58]等条文的麻烦。约翰解答道,在君主"可以合法地行不义之事这一意义上",君主并没有被免除法律义务。君主的法律义务只有在下述意义上才能免除,即他的身份应当保证他所采用的衡平裁判"不是出于对法的惩罚的恐惧,而是出于对正义的挚爱";至于在公共事务方面,有关君主的意志,"除了法和公平的命令,除了公共利益算计的要求,君主不应该合法地具有他自己的意志"。[59]其实,"君主"(*rex*)这个头衔本身源于行正当之事,即依法(*recte*)行事。[60]

德国史学家冯·祁克特别强调作为所有合法权力的基石、同时也是其检验标准的中世纪高级法观念的绝对优势和威严。自然法约束着人间的最高权力,它统治着教皇和皇帝,也同样统治着统治者和具有主权的人民,事实上,它统治着整个人类社会。无论成文法规(*Gesetz*)还是当局的任何条例,无论惯例还是民众的意欲,皆不得超出它所设定的界线。任何事情,只要与自然法颠扑不破的永恒原则相冲突,就是无效的,因而也就不能约束任何人。而且,尽管自然法和道德原则之间没有截然的区别,祁克仍然坚持认为,绝不应把对最高权力的合法范围所设定的限制仅仅看做是一些伦理原则。这些界线的设定不仅意在控制统治者的外在行为——而不仅仅是统治者的内在自由,而且也是对法官和其他所有参与实施法律的人提出的。由此,他们就有义务宣布,凡超出这些界线的任何权威的行为和任何成文法规,都是无效的。这些界线在道德上证明卑微小民违抗最高权威无罪,它们甚至可以论证暗杀的合理性。[61]

如果从奥斯丁的法律概念来看,这段话很容易给人留下有点夸大其辞的印象。但是,显然有这样一个事实,即在整个中世纪,高级法的假定戒律被不断用来反对官方权威的主张,并不断检验这些主张的有效性。与此同时,整个欧洲又发生了持续不断的世俗权威和教会权威在管辖权问题上的争论。所有这些结果都最充分地展示了一切权力在本质上都是有条件的这一观念。

此外,对自然权利概念的理解至少有一部分必须归功于中世纪——这只是针对这一时期的某些作家而言。这一点从万民法(*jus gentium*)的两个最基本的现代法律制度——私有财产制度和契约制度——中就可以看出来。用冯·祁克的话说,"财产制度植根于与国家无关的、直接从纯粹的自然法中引申出来的法之中,植根于国家还没出现之前就已存在的法之中。由此可以得出这样的结论,凭借这种制度而获得的各项具体权利,绝不是仅仅依赖于国家才存在的"。同样,契约的约束力亦可追溯到自然法。"因此,尽管主权者不能用制定法来约束他本人和他的继承者,但是他可以通过契约来约束他和他的后继者。"这样很自然推出,"国家不得否认它以契约方式授予的每一项权利",唯一的例外只能出现在"依照正当理由(*ex justa causa*)进行干预"这种情况下。[62]

的确,在中世纪的著作(冯·祁克概括了其思想)中,尤其是在那些罗马法与教会法的注释者及其后继者的著作中,强调的只是财产和契约这两种制度本身的神圣性。但是,这两种制度很快便融入个人利益的术语之中。所以,美国宪法一开始就强烈地偏向于维护财产权利和契约权利,有其中世纪的思辨背景。

古典作家们将自然法的概念置于人类命运可观察的一致性之上,人类理性在不受激情影响之时可以发现自然法,而且自然法构成了实证法之优越性的终极源泉和最终原因。这样,自然法(*jus naturale*)就成了一部鞭策立法者技艺、启迪立法者直觉的法典,在《国法大全》中,罗马法理学几乎成功地实现了这一神圣目标,这是有目共睹的。而中世纪的开始则标志着这一进程的逆转。这一时期之开始的特征就是立法活动几乎完全瘫痪,正如这一事实所表明的那样,统治权变成了私人的、不承担责任的、且不受制度约束的权力。为了适应这一时代的需要,一种对待高级法的全新态度逐渐占据主导地位。罗马法中的某些特定条款、教会的教义和(圣经)中的某些片段,皆向神圣的方面解释,以期变成一种神秘的超越法,即"天国里弥漫的普遍存在"。[63]这种天真构建的目的,这种对普遍流行的古代自然法观念的反叛,并不是为了阐述普遍盛行的正义,而是为了纠正普遍流行的不正义,不是为了启迪、开导权威,而毋宁是为了限制、约束权威。换句话说,古典自然法观是这样一种思想,自然法融入更审慎的、人类权威的法令之中而施予其主要好处,而中世纪的自然法观则是另外一种,即自然法从外部约束和限制权威。[64]这一观念——美国宪法理论直接从中世纪继承了这一观念——由于当时流行的教皇统治与世俗统治关于管辖权问题的争论而得到强化,正如它在美国宪法理论中由于存在联邦与州之间关于类似问题的争论而得到强化一样。

另一方面,就欧洲大陆而言,显而易见,这一时期高级法学说在实际中挫败政治生活中非正义现象的实践重要性,可以很容易被夸大。由于缺乏实现其主张的制度设施(除了极偶然的情况以外),而且也由于缺乏终极的权威性解释(除了教皇时不时的解释外),这一观念经过几代作家们自信的郑重声明之后,相对来讲,仍然含混不清且没有实际作用。而且正如时间流逝所揭示的那样,一旦专制主义具有了维护其统治的相应主张,这种观念就完全没有能力来抵制专制主义,就像从16世纪开始以来的情形那样。只有英国才用一些值得称道的措施来弥补这种不足,也只有在英国,基于神权的主张在17世纪被击败。所以,我们在中世纪欧洲大陆看到的只是观念,而我们在同一时期的英国,发现的则不仅是观念,而且还有一套相应的制度。

注　释

［1］1 Paine, *Political Writings* (1837) 45-46.

［2］Adams, *Jubilee Discourse on the Constitution* (1839) 55.

［3］Woodrow Wilson, *Congressional Government* (13th ed. 1898) 4.

［4］全部论述,参见 Von Holst, *Constitutional History* (1877)卷1,第2章; Schechter, "Early History of the Tradition of theConstitution" (1915) *Am. Pol. Sci. Rev.* 卷9,第707页以次。

［5］Bagehot, *English Constitution* (2d ed. 1925) 39. "现在,君主政体凭借宗教对它的认可来确认我们的整个政治秩序。……它通过把广大群众的盲从吸引到自己这边,给……整个宪法以强大无比的力量。"出处同前,第43—44页。

［6］Schechter,前注［4］引文,第720—721页。

［7］Bentham,引证见 Holland, *Elements of Jurisprudence* (12th ed. 1916)第14页。有关"实证法"定义的进一步探讨,

参见该书,第22—23页,以及Willoughby, *Fundamental Concepts of Public Law*(1924)第10章。

[8] *Inst.* Ⅰ, 2, 6: "Quod principi placuit, legis habet vigorem, cum lege regia quae de ejus imperio lata est, populus ei et in eum, omne imperium suum et potestatem concessit."这段话源于Ulpian, *Dig.* Ⅰ, 4, 1,罗马人一直认为,人民乃立法权的源泉。"Lex est, quod populus Romanus senatorie magistratu interrogante, veluti Consule, constituebat." *Inst.* Ⅰ, 2, 4. 在中世纪,经常引起争论的问题是王权法(*lex regia*)将立法权绝对地转让(*translatio*)给了皇帝,还是说这仅仅是一种可以收回的暂时委托(*cessio*)。中世纪末期,人民主权的倡导者皆持后说,如帕迪尤的马西古里在其《保卫和平》(*Defensor Pacis*)一书中的观点。参见*Gierke, Political Theories of the Middle Ages*(Maitland's tr. 1922)第150页,注释158和159。

[9] 就包含这一观点的法律定义,参见Holland,前注[7]引书,第19—20、32—36页。参考1 Bl. *Comm. Intro.*。

[10] Holland,前注[7]引书,注释44。"如果有什么原始

的关于法律本质的理论的话,那似乎是:法律乃某些神性人物或英雄人物的言论,他们揭示了……哪些是绝对正确的。"1 Pollock and Maitland, *History of English Law* (1895) XXVⅢ.

[11] Coolidge, *Have Faith in Massachusetts* (1919) 4. John Dickinson, *Administrative Justice and the Supremacy of Law* (1927), 85-86n. ,和上述定义并列的一个定义源于圣奥古斯丁:"Aeternam... legem mundis animis fas est congnoscere, judicare non fas est. "St. Augustine, *De Vera Religione* c. 31 in 34 Migne, Patrologia Latina (1845) 147. 这种认为有可能自发地认识高级法的观念,亦见于美国宪法理论中,这一点后面还要指出。在下面这句话里,培根道出了法律制定之"发现"论:"Regula enim legem(ut acus nautica polos) indicat, non statuit."*De Justitia Universali*, Aphor. IXXXV,转引自 Lorimer, *Institutes of Law* (2d ed. 1880)第 256 页。伯克也接受了这一理论,他说:"我们很难找出一种谬论,它比下述主张对于所有的秩序和美好事物以及人类社会所有的和平和幸福,更具有颠覆性。这种主张认为,任何人类群体皆有权制定他们喜欢的法律;或者说

法律不论其内容的好坏,皆可以仅从法律制度自身获得一切权威性。……恰当地说,所有的人法仅仅是宣布性的。它们可以改变原初正义的形式与应用方式,但决没有高于原初正义内容的权力。"Burke, *Tract on the Popery Laws* (c. 1780) c. 3, pt. 1, 6 Burke, *Works*(1867) 322-23; Lorimer,出处同前。詹姆士·奥提斯的主张也大致如此,他说:"国家的最高权力仅仅是公布法律(*jus dicere*)——严格来讲,只有上帝才能制定法律(*jus dare*)。"Otis, *The Rights of the British Colonies Asserted and Proved* (1765) 70.用现代术语从逻辑上调和法律制定理论中"实证论"和"发现论"的卓有成效的尝试,参见 Del Vecchio, *The Formal Bases of Law*(Mod. Leg. Philos. Ser. 1914)。

[12] Holland,前注[7]引书,注释32; Sophocles, *Antigone*, V V,第450页以次。克瑞翁是索福克利斯的戏剧中典型的希腊暴君,他的出现扰乱了希腊城邦古老的习惯统治。

[13] Ritchie, *Natural Rights* (1903) 30,引用 Aristotle, *Rhetoric* 1, 15, 1375, a, 27 以次。

[14] Barker, *The Political Thought of Plato and Aristotle*

(1906)33-37. 色拉叙马霍斯说:"权利乃强者的利益。"Plato, *Republic* (*Jowett tr.* 1875)卷1,第338节。格劳孔说:"正义乃既不作恶、也不受害的契约。"出处同前,卷2,第338节。亦可参见费勒斯的主张,Cicero, *De Republics*,卷3,第5章。

[15] Aristotle, *Nicomechean Ethics* (Ross tr. 1925) Ⅴ,7, §§1-2. 亦参见 Barker,前注[14]引书,第328页。

[16] Aristotle, *Politics* (Welldon tr. 1905)卷3,第15—16章,特别是第154页。我在一两处与原译文略有出入。正如巴克教授所指出的那样,希腊人倾向于将法律看做是理想的法典,是几乎具有超人智慧的唯一的立法者(如梭伦或莱库古)的杰作。的确,柏拉图和亚里士多德就将他们自己看做是这样的立法者。Barker,前注[14]引书,第323页。与此相比较,我们应当回想起人们归之于美国宪法设计者的美德,这是美国宪法受到崇拜的一个源泉。关于经深思熟虑且"不计较谁将是这一法律的得益者或受害者"而制定的总体上平等的法律,参见 Marshall C. J., in *Ex parte* Bollman, 4 Cranch 75, 127 (U.S. 1807)。

[17] Harrington, *Oceana and other Works* (1747) 37. "要法治的帝国,而不要人治的帝国。"出处同前,第 45、240 页;亦可参见出处同前,第 49、240、257、362、369 页。哈林顿将这一思想归功于亚里士多德和李维。

[18] Declaration of Rights,第 30 条;参见 Thorpe, *American Charters, Constitutions, and Organic Laws*(1909)。

[19] 1 Cranch 137, 163 (U.S.1803).

[20] Joubert, *Pensées* (5th ed. 1869) ⅩⅩⅣ.

[21] 关于斯多噶学派的学说,参见 Diogenes Laertius, *Lives and Opinions of Eminent Philosophers*(Yonge tr. 1853)卷 7,"芝诺",第 53、55、66、70、72—73 章。"他们再次指出,正义依自然而存在,而不是依任何定义和原则而存在;就像法和正确理性那样。"出处同前,第 66 章。"斯多噶派……将自然或宇宙看做有机体,其中物质世界是躯干,神或普遍理性是普遍存在的、有生命力的、居支配地位的灵魂,自然法是普遍理性为指导人类而制定的行为规则。"Salmond, *Jurisprudence* (7th ed. 1924)27.

[22] Lactantius, *Div. Inst.* (Roberts and Donaldson tr.

1871）Ⅵ，8，370；亦可参见前引书,第 24 页。我们将会看到,西塞罗并没有忽视法律的命令因素。布雷克顿是从《共和国》(*De Republica*)中了解到这段话的,至于格劳秀斯受惠于西塞罗就更不用问了。"Jus naturale est dictatum rectae rationis..."1 Grotius, *Jure BeLli Ac Pacis* (Whewell ed. 1853)10. 亦可参见后注[24]。

[23] Cicero, *De Legibus*(Müller ed.)Ⅰ,7,23:"Inter quos autem ratio, inter eosdem etiam recta ratio et communis est; quae cum sit lex, lege quoque consociati homines cum dis putandi sumus."出处同前,Ⅰ,8,25,"Est igitur homini cum deo similitudo."亦可参见前引书,Ⅰ,7,22—23。这一整段是莎士比亚在《哈姆雷特》中对于人的著名呼吁的出处。应当记住,古典的"自然"概念具有一种活跃的创造性的力量,因此,某一事物的"本性"(nature)就成为实现该事物某种理想的固有趋势。西塞罗的"人性"观和"自然法"观就建立在这一基础之上,前者是对人类最高属性的表述,后者是对法律理念的最完美表述。

[24] 同上注Ⅰ,5,16:"Nam sic habetote, nullo in genere

disputando posse ita patefieri, quid sit homini a natura tributum, quantam vim rerum optimarum mens humana contineat, cujus muneris colendi efficiendique causa nati et in lucem editi simus, quae sit conjunctio hominum, quae naturalis societas inter ipsos; his enim explcatis fons legum et juris inveniri potest."这段话由于强调人性的某些属性是自然法的直接来源而显得尤为重要。斯多噶学说里也不乏这样的思想,不过它只是从属性的。同样的观点再次出现于17、18世纪的大陆自然法学派中"Naturalis juris mater est ipsa humana natura," Grotius, 前注[22]引书,卷1,序言16,第Ⅺ Ⅸ页。普芬道夫和伯拉曼奎也阐述了相同的观点,这与霍布斯和洛克的法条主义形成明显的对照。

[25] Cicero, *De Legibus* Ⅰ, 10, 28.

[26] 同上注,Ⅰ, 15, 42。

[27] *Pro A. Cluentio Oratio* 第53章,第146节。

[28] "Nihil porro tam aptum est ad jus condicionemque naturae... quam imperium, sine quo nec domus ulla nec civitas nec gens nec hominum universum genus stare nec rerum natura omnis

nec ipse mundus potest..."*De Leg.* Ⅲ, 2-3.

［29］同上注,Ⅰ, 15, 42。

［30］同上注,6, 19。

［31］同上注,Ⅰ,16,43-44。

［32］同上注,Ⅱ, 5, 13。

［33］同上注,Ⅱ, 6, 13。

［34］参见 Brissonius（Barnabé Brisson）, *De Formulis et Solennibus Populi Romani Verbis*（Leipsic, 1754）卷 2,第 19 章,第 129—130 页。这部值得称道的著作最初于 1583 年面世,莱比锡克版是由一位叫弗郎西斯·康拉登斯的先生修订其初版并增加内容而成的,其中包括了布里松的生平,布里松曾任巴黎高等法院的院长。在此,我要感谢埃尔伯特·H.格林法律图书馆的管理者惠借此书。保留条款的惯常形式是这样的,"Si quid sacri sanctique est, quod jus non sit rogari, ejus hac lege nihil rogatur."在 *Pro Caecina Oratio* 中,西塞罗给出另一种略有不同的保留条款形式:"Si quid jus non esset rogari, ejus ea lege nihilum rogatum."这种形式取自苏拉颁布的法令。出处同前,第 32、33

章。在其 *Pro Domo Sua* 第 40 章中,出现了一种基于这种形式的变种。参见见后注[37]。在这些场合,西塞罗以保留条款为依据;但是,在他的 *Pro Balbo* 中,情况则完全相反,在此,他反对将保留条款扩展至某一条约(这里所说的条约是指元老院制定的条约),主张没有什么是"神圣不可侵犯的——nisi quod populus plebesve sanxisset"。出处同前,第 14 章。西塞罗本人曾惨遭其政敌克劳迪斯以"前所未闻的全新方式利用"保留条款所进行的迫害,克劳迪斯将保留条款附加到放逐西塞罗并没收其财产的法律上,而使后者无法被撤销。有关西塞罗对以这种方式使法律披上不朽外衣的可能性的批评,参见 *Epistolae*,Ⅲ,22;Brissonius,前引书,第 130 页。

[35] Cicero, *De Legibus* Ⅱ, 7, 18. 在此,西塞罗所谈的是宗教法规,在第三卷中,他也如是论及市民法。

[36] "*lex Caecilia et Didia* 是法律学说(*jus legum*)的一部分,这种法律学说禁止这样的主张—法律中包容两种或更多的互不相容的东西。"Coxe, *Judicial Power and Unconstitutional Legislation*(1893)Ⅲ,引自 Smith, *Dictionary of Greek and Roman An-*

tiquities(1842)中"艺术"和"法律"(lex)词条。

[37] *Pro Caecina* 第33章,参见 *Pro Domo Sua* 第40章。我必须向我的朋友约翰·迪金森教授致谢。在追溯西塞罗关于司法审查的这些构想时,他曾友善地给予我珍贵的帮助。

[38] Cicero, *De Legibus* Ⅱ, 12, 31; *Pro Domo Sua* 第16、26、27章。

[39] *Phil.* Ⅺ, 12. 西塞罗在公共利益中求助于自然法,这预示了后来警察权理论的一个方面。

[40] 不过,有一个事例明显表明这种情形出现过。在纽约的市长法院里审理的 *Rutgers v. Waddington* 案的辩论记录中,汉密尔顿有这么一段话:"Si leges duae aut si plures aut quot quot erunt conservari non possunt quia discrepent inter se ea maxime conservanda sunt quae ad maximas res pertinere videatur."引自 *De In*: *L* 4, No. 145. 参见 A. M. Hamilton, *Hamilton* (1910) 第462页。事实上,这段话取自 *De Inventione* Ⅱ, 49。上下文的语境使人们怀疑汉密尔顿表面上采用的观点是否符合西塞罗的本意。

[41] "Neque est quarendus explanator, aut interpres ejus ali-

us."*De Rep.* Ⅲ, 22; Lactantius, *Div. Inst.* Ⅵ, 8. 亦可参见前注[11]。

[42] Cicero, *De Legibus*, 1, 2-3.

[43] *Calvin's Case*, 4 Co. 1 (1609). "法官无权依照他认为合适的规则审案,而应根据源于法律的规则进行审判,而这些法律是他们认为正确的、且合乎于法的。*Judex bonus nihil ex arbitrio suo faciat, nec proposito domesticae voluntatis, sed juxta leges et jura pronuntiet.*"出处同前,27(a)。参见马歇尔大法官在 *Osborn v. Bank of United States* 案中所主张的同一观点,9 Wheat. 738, 866(U.S. 1824):"并不存在与法律之权力截然不同的法官之审判权。"这一准则赋予法官宣布法律(*jus dicere*)的权力而非制定法律(jus dare)的权力,这一准则可以追溯到培根。Bacon, Essays, "Judicature"(Reynolds' ed. 1890) 365. 关于这一问题的完整论述,参见拙文"The Progress of Constitutional Theory, 1776-1787"(1924-1925) 30 *Am. Hist. Rev.* 511-536。

[44] Cicero, *De Legibus* Ⅰ, 10, 12-28, 33. "就亚里士多德的社会理论而言,最基本的观点莫过于人性的自然不平等

了。……在政治思想的演变中,就彻底性而言,最引人注目的莫过于从亚里士多德的理论演变为西塞罗和塞涅卡所代表的后期哲学观点。我们发现,人性自然平等的理论是直接针对亚里士多德的人性自然不平等观提出的。……对于全人类只有一个可能的定义,理性对所有人都是共同的。"1 Carlyle, *A History of Mediaeval Political Theory*(1927) 7-8. 将自然法(*jus naturale*)等同于人类普遍拥有的正确理性(*recta ratio*)导致了人类平等的理论,这紧接着为将自然法转换为自然权利铺平了道路。

[45] *De Rep.* I, 25. 在被圣奥古斯丁保存下来的那一章中,编者加了下面一段话:"Quid est res publica nisi res populi? Res ergo communis, res utique civitatis."参见 St. Augustine, *Epistles* 138, 10 和 *De Cizritate Dei* V, 18。从刚才所说的来看,很显然,在立法权不受任何约束的意义上,人民主权的观点不能归源于西塞罗。参见 De Rep. III, 3。参见前注[8]和[37]。

[46] *De Rep.* I, 26, 32;同前, III, 31。"Generale quippe pactum est societatis humanae oboedire regibus." St. Augustine, *Confessions* (Gibb & Montgomery tr. 1908) III, 8. "Est autem civi-

tas coetus perfectus liberorum hominum juris fruendi et communis utilitatis causa sociatus."1 Grotius,前注[22]引书,卷1,第14页。要知道,在罗马私法中,sacietas 意指合伙。civitas 作为精心构建的联合体这一思想,多少带有伊壁鸠鲁和智者派的观点,而不是斯多噶派的观点,但这种思想和斯多噶派的观点之间没有必然的冲突。因为审慎考虑而做出来的,仍可以是基于对自然冲动和必然性的回应而做出来的。中世纪对社会契约论的贡献源于封建社会的性质,它是一种深层含义上的契约义务。参见 Gierke, *Political Theories of Middle Ages* (Maitland tr. 1922) 注释303、306 和 Gierke, *Althusius* (Zur deutschen Staats u. Rechts Geschichte 1879—1880)第99页以次;亦可参见后注[60]。

[47] *De Rep.* III,13. 这是对"托庇"程序的一种有趣预见。在欧洲一些地区,封建制度的确是经由这种程序而产生的。

[48] Carlyle,前注[44]引书,卷1,第23—25、117、134、144—146页;Gierke, *Althusius*, 92-94; Lanctantius, *Div. Inst.* V. 5。参见 Lucretius, *De Rerum Natura* (Merrill ed. 1907) V. 11, 1105-1160。尤其要注意鲁克莱修斯的警句:"Communia

foedera pacis."出处同前,第1155页。

［49］Carlyle,前注［44］引书,卷1。在《政治学》中,亚里士多德明显地攻击过奴隶制。*Aristotle*, *Politics* i, 4-7. 据载有个叫阿尔西德摩斯的人曾说过(公元四世纪?):"上帝使人人自由,自然也没有创设奴隶。"Ritchie, *Natural Rights*(1903) 25.

［50］*Dig*. Ⅰ, 1, 4; *Inst*. Ⅰ, 2, 2. 乌尔比安依据万民法(*jus gentium*)来解释奴隶制:"Quod ad jus naturale attinet, omnes aequales snnt."*Dig*. L. 17,32;参见 Carlyle,前注［44］引书,卷1,第47页。

［51］*Inst*. Ⅰ, 2. 1-2. 不同于乌尔比安,盖尤斯将万民法(*jus gentium*)等同于自然法(*jus naturale*)。Carlyle,前注［44］引书,卷1,第38页; Bryce, *Studies in History and Jurisprudence* (1901) 581.

［52］这项修订工作落在了伟大的法学家的头上。庞德院长指出:"法学家既没有立法权,也没有司法权(*imperium*)。法学家解答(*responsum*)的权威性……全看其内在的合理性;在诉诸理性和法官(*judex*)正义感的上诉中,……这种解答本质上就

47

是法。"Pound, *Introduction to the Philosophy of Law*(1922) 29.

[53] Dickinson, *The Statesman's Book of John of Salisbury* (1927) 33.

[54] Pollock, *Essays in the Law*(1922)第40页以次; Carlyle,前注[44]引书,卷2,第29、41、94—109页。格拉提安讨论了这样一个问题,尽管"法"里包含了"自然法"(*jus naturale*),为什么有些法仍然是可变的? 他的结论是并非所有的法皆是自然法,即使它宣称获得了上帝的支持亦如此。出处同前,第109页。后来的中世纪作家区分了两类自然法(*jus naturale*),高级自然法和低级自然法,其中只有高级自然法是不可改变的。格拉提安传给我们的还有命令法(*jus constitutionis*)一词,指的是成文法体系,"命令法"的第一个例子就是摩西的立法。出处同前,第115页。

[55] Dickinson,前注[53]引书,第ⅩⅩⅩⅤ页。

[56] 同上注,第335页。当然,君主服从于法的观念要比《政治论》(*Policraticus*)古老得多。斯托比厄斯认为梭伦说过这样的话:"最好的政府就是臣民服从于君主,君主服从于法。"另

外,注意福蒂斯丘引用的狄奥多·西克留斯的那段话:"起初,埃及的国王们并不像其他国王那样,将他们的意志看做是他们的法,从而过着一种无法无天的放荡生活,而是和他们的臣民们一样服从于同一个法,并且认为遵循这些法就是幸福。" Fortescue, *De Laudibus Legum Angliae* (Amos tr. 1825) *c.* XIII.

[57] *Dig.* I, 3, 31.

[58] 参见前注[8]。

[59] Dickinson,前注[53]引书,第 7 页。

[60] 同上注,第 336 页。亦可参见同上第 IX VII—III 页的注释 221 和 222,以及 Zane, *Story of Law*(1927)第 214 页。

[61] Gierke,前注[46]引书,第 75—76、85 页;Gierke, *Althusius* 第 272 页,及注释 22。在此,作者引用了阿奎那、奥卡姆、鲍迪斯、阿莱科斯、丘萨纳斯、热尔松及其他一些作家的话;出处同前,第 275—276 页和注释 30、31。他们阐述了这样一个信条,即当皇帝行违法之事时,他的行为就不是作为皇帝的行为("non facit ut imperator")。巴尔托鲁及其追随者赋予制定法比法官判决更高的权威,但是他们依旧主张即使是成文法,只

要有悖于自然法就是无效的。他们指出,法律在涉及这些事情时,是有约束力的:"quae ad potestatem pertinent, non in iis quae ad tyrranidem";权势者不值得服从:"*quando egriditur fines sui officii*"。亦可参见前引书,第142页和注释57,在此引用了奥卡姆关于"*potestas limitata*"的表述。亦可参见2 Carlyle,前注[44]引书,第32、78、79页。

[62] Gierke,前注[46]引书,第80—81页和注释278、279。同样的主张参见 Gierke, *Althusius* 第270—271页和注释18、19。德丘·康斯坦丁纳斯写道:"Deus ipse ex promissione obligatur."可以这样解释,中世纪的作家们区别了自然法(*jus naturale*),神法(*jus divinum*)和万民法(*jus gentium*)这三个概念。自然法被说成是上帝纯粹为了世俗的目的已将其植入自然理性之中;神法被说成是由超自然的启示为了超世俗的目的已传达给人类;而万民法则是从纯粹的自然法(*jus naturale*)中引申出来的那些规则——在适当地考虑了由于人的堕落而产生的人类关系时——如财产和契约就是这样的例子。这样,万民法(*jus gentium*)就倾向于呈现出某些实证法的样子。尽管这一概念在

更宽泛的意义上被归于介于严格意义上的法和宗教之间的伦理学的范围。因此,尽管冯·祁克的阐述非常彻底,而且对罗马法学者而言,这也是正确无误的,但是,在教会法学者中,就财产制度的存在是否以自然法(*jus naturale*)为中介,似乎一直存在着相当的分歧,这种分歧源于教父们的共产主义主张。Carlyle,前注[44]引书,卷2,第49页以次。圣杰曼的《博士与学者》写于16世纪早期,其中就反映了这种怀疑。参见"Second Dialogue" *in Doctor and Student* (*Muehall ed.* 1787)99。冯·祁克还声称"中世纪的学说已经充满了关于个人生而具有的和不可侵犯的权利的思想",不过他承认对这种权利的"系统阐述和分类是后来在自然法理论的成长过程中完成的"。祁克的这种观点以及他将"古代的自然法理论"和"由基督教所揭示的、而由德意志精神把握其精髓的自然法思想"截然分开的做法,也许证明他只是一个充满热情的日耳曼主义者,而不是一个严肃的批评史家。Gierke, *Political Theories of the Middle Ages* 81-82; Gierke, *Althusius* 274-75.

[63] 比较霍姆斯法官在 *Southern Pac. Ry. v. Jensen* 案中

的意见,244 U. S. 205, 222 (1917)。

[64] 在古代的理论中,自然法(*jus naturale*)是一个 *terminus ad quern*———一个实际中的法律不可避免地向其靠拢看齐的目标;在中世纪的理论中,自然法是一个 *termanus a quo*———一个人间权威总是不断背离的标准。西塞罗关于人性的乐观主义与基督教的原罪说形成了一种类似的、且并非无关的对照。

第二节

在美国革命前夕爆发的那场关于权利的论战即将来临之际,28岁的亚当斯,一位生意萧条的律师,曾热情颂扬过他所钟爱的主题,他是这样讲的:

> 只要我一有闲暇,我就钻研所有立法者确立的制度,古代的和现代的,幻想的和现实的……在过去的许多年里,这一直是我的兴趣所在。最后……我形成了这样的观点:自由、不可转让且不可取消的人权、人性的高贵与尊严、大众的崇高伟大与光辉荣耀,以及个人的普遍幸福,都从来没有,像在人类艺术最辉煌

24

> 的殿堂——英国的普通法之中那样,被如此娴熟、如此成功地予以考虑。[1]

这段话精彩地表达了英国高级法的显著特征。它首先是最严格意义上的实在法,是经常在普通法院里解决私人争端的法律,然后才是一种高级法。现在由美国宪法保护其不受立法权侵犯的许多权利,最初是指由普通法保护的那些不受一个人邻里侵害的权利。这样,当我们进一步论及中世纪英国的高级法概念时,我们迄今所讨论的问题的重点便因此发生了改变。在此,我们所讨论的不再是某些应当约束政治权威的原则如何以法律的面目出现,或者在多大程度上采用法律的形式,而毋宁是某些原本具有法律特征的原则如何表现为具有更高性质的原则,即有资格控制权威而且又以法的形式控制权威的原则。换句话说,问题不在于普通法如何变为法律,而是如何变为更高级的法,而与此同时,它仍然可以继续通过普通法院实施,甚至在更高的管辖领域内亦如此。

制定美国宪法的这一代人总是习惯于将普通法的超验特性首先归之于其久远的传统。[2]这种看法绝不是第一次出现。征服者威廉表示要恢复忏悔者爱德华的法律,斯蒂芬在下一个世纪也作出同样的承诺。显然,这种观念在政治上是相当有用的。因为它从一开始就宣布有一种不依赖于王权而存在的、且因此能够为王权设定界限的法律。然而,人们在1787年所了解到的那些在诺曼人征服以前就已确实存在的普通法的内容,不过是彻头彻尾的虚构而已,不管这种虚构是多么重要。正如弗雷德里克·波洛克爵士所观察的那样,"从最现实的目的来看,英国法的历史直到诺曼人征服之后还未开始。严格来讲,现代法学家所应了解的最早情形只允许从13世纪算起,而且是从13世纪的后半叶而不是前半叶算起"。[3]事实上,按现代的标准来衡量,宪法之父们惯于尊崇的那些所谓古代法令,实际上是些非常贫乏琐碎的东西,其中的大部分内容是"琐细列举对谋杀、伤害及其他暴力行为的各种罚金和赔偿"。即使是那些传说中的法令的最重要部分,即忏悔者爱德华的法律,就其保留下来的文本来看,实际上是从12世纪起,其收藏者以韵文形式加以编纂的。[4]

普通法历史的真正起点,是亨利二世在12世纪后半期的前25年中确立了有一个中央上诉法院的巡回法院制度。正是由于这一事实(而不是其他),英国的高级法与欧洲大陆的高级法便有一个显著的不同之处。人们认为欧洲大陆的高级法并没有吸纳本土习惯——相反它是本土习惯的一种诉求——原因在于,欧洲大陆的本土习惯直到法国大革命仍然是纯粹地方性的,相反,人们认为普通法从一开始就建立在习惯之上。事实上,普通法即是习惯,这些习惯通过上述审判制度逐步发展为全国性的,也就是说,发展为普通的(common)。但它又不仅仅是习惯,因为当法官们选择承认什么样的习惯以使其具有全国性的效力和禁止什么样的习惯通行时,他们实际上运用了"合乎理性"这一检验标准[5],一个最初源于罗马和欧洲大陆思想的检验标准。实际上,普通法体现正确理性这一观念从14世纪起就提供了普通法要求被看做是高级法的主要依据。但是,必须再次注意它与欧洲大陆思想的巨大差别。欧洲大陆的高级法准则所针对的正确理性,一直是西塞罗诉求的正确理性,它是全人类的正确理性,而另一方面,作为普通法基石的正确理性,从一开始就是法官的正确理性。普通法被看做是依赖于知识或发现的法,所以它是依赖于专家们的法,随着遵循先例(*stare decisis*)学说以空前稳固的方式得到确立,情况便愈益如此。

针对19世纪的某些法律史学者,庞德院长发表了这样一些合乎情理的怨言,即这些法律史学者"对律师、法官、法学家或立法者这些人物的创造性活动这一因素视而不见……他们将法律发展这一现象仅仅看做是一些事件,好像人们在促使每一事件的发生中并没有起什么作用。事实上,法律史中所谓的事件是某些特定人物的行为,有时甚至是某一特定人物的行为"。[6]确实,普通法的历史绝不是一种个人完全无所作为的传统,在将普通法抬高到约束最高统治权威的高级法位置这一历程中,情况更是如此。《大宪章》就是这一漫长历程中十分重要的一环,而且就我们的目的而言,它足以被看成是一个事件。但是,如果考虑到从布雷克顿到布莱克斯通的一系列司法评论者对普通法的评述,那就是另一回事了。他们每个人各自对形成普通法传统的非凡贡献至今仍清晰可辨——他们的全部贡献前后跨越了大约500年的时间。

布雷克顿,即布兰顿的亨利,乃亨利三世统治时期王座法院的大法官。[7]他的那部伟大著作名为《论英国的法律和习惯》(*De Legibus et Consuetudinibus Angliae*),为了准备写这部书,他除了悉心研究罗马法外,还搜集了大约两千多项法院的判决。对我们而言,这部著作最突出的重要意义就在于它第一次使正在兴起的普通法直接和罗马的以及中世纪欧洲大陆的高级法思想联系起来。在这部论著中,有一段常常被人引用的话:"国王本人不应该受制于任何人,但他却应受制于上帝和法,因为法造就了国王。因此,就让国王将法所赐予他的东西——统治和权力——再归还给法,因为在由意志而不是由法行使统治的地方没有国王。"[8]这段话使我们又一次看到了所有权威源于法、故受制于法这一典型的中世纪思想。我们将要看到,布雷克顿本人的这些话使人们立刻联想起索尔兹伯里的约翰,在其他一些地方,他俩之间的相似性表现得更为突出。布雷克顿写道,国王的权力是正义的权力,而不是非正义的权力。只要他实施正义,他就是上帝的代言人,但是当他转向实施不义时,他就是魔鬼的大总管。事实上,他之所以被称为国王(*rex*)是由于良好的统治(*regendo*)而不是由于统治

(*regnando*)。"因此,让国王依法来驯化他的权力,法是对权力的约束。……同样,对于帝国而言,没有什么比依照法律生活更恰当的了,而使君主统治服从于法比依法维系的帝国要更伟大。"[9]

28　　使布雷克顿和他的先辈及同时代的人——如索尔兹伯里的约翰和圣托马斯·阿奎那——截然区分开来的是他的法律观。由于他研习过罗马法,也许更因为他做法官的经验,他的法律观即使用现代的标准来衡量也很明显是实证主义的。他在一开始就告诉我们,他首要考虑的那个法律(*lex*)是基于"国家(the body politic)共同认可的法律"。它包括各种各样的成分,诸如习惯(不成文法)、审慎人物的决定,这些决定在相同的案件里应当作为先例来对待——"相同案件应当同样处理"——最后还包括国王在枢密院里制定的法律。[10]这样就出现了一个问题,国王在枢密院里制定的法律是否受到某种限制呢?在这个问题上,布雷克顿含糊其辞。

在讨论"君主的喜好具有法律效力"这一准则时,他说这一准则并不适用于"任何草率地推定为国王本人的意志",而仅仅适用于"那些在国王亲自主持下,听取他的法官们的建议,经过深思熟虑和反复讨论之后,正确无误地确定了的意志"。[11]这暗示了君主的意志一旦满足了所提到的那些要求,就确实具有法律的效力。还值得注意的是他对各种自然法(*jura naturalia*)的态度,他说这些自然法之所以永恒不变是因为它们不能从整体上被否定,而事实上它们可以被、而且已经被部分地废止了。但他同时又主张,并非作为法律(*Lex*)而通过的每一项法令皆必然如此,这实际上是步西塞罗的后尘。"尽管就这一术语最宽泛的意义而言,凡可以被解读的东西皆是法律,但就其特定意义而言,它是指一项要求诚实向善、禁止欺诈作恶的合法授权书。"[12]由此看来,布雷克顿努力使罗马法条文中表达的立法权至上的观念适合于他自己的主张,使王权在其最通常的意义上服从于法律。500年之后,布莱克斯通也陷入类似的两难困境。

29 那么,布雷克顿为他的法律提供了何种约束国王的制约手段呢?在印行的《论法律》(De Legibus)一文中,有一段话宣称,国王不仅从属于上帝,而且也从属于他的法院,即法官和男爵们。"凡加入团体的人皆有一个管束他的上司,所以,如果国王没有约束,就是说如果没有法律来约束,那么这些法官和男爵们应当给国王施以约束。"[13]有时,人们以这段话与其他段落相矛盾为借口,而将其看做是后人的窜改。但是,这段话很容易使人联想起《大宪章》的第61条*,这也许是由德·蒙特

---

* 《大宪章》第61条规定由国王约翰的25位贵族组成的委员会来强制执行大宪章,从而使贵族限制国王的做法合法化。——译者注

福特反抗亨利三世*所唤起的联想。一般的救济手段不足以用来反对王权的非正义,这一点布雷克顿讲得很清楚。任何法律文件皆不会反对国王,因为它们皆出自国王。[14]通过对法官的支配,国王甚至可能实现不公正的审判。[15]尽管国王受制于法律,但如果他命令一个官员去作恶,那么这个官员就能以王室命令为借口行不义之事。[16]而且,这个官员还享有不受司法管辖的王室豁免权,人们只能向国王、或者国王专门为此目的设置的官吏来控告这一官员。[17]简而言之,布雷克顿还没有现代的"法治"概念。在最后的分析中,布雷克顿暗示,矫

---

* 德·蒙特福特(1208—1265)是莱斯特的伯爵。1258年他和其他一些贵族迫使国王亨利三世在牛津会议上达成《牛津条例》。第二年,亨利三世取消这一条例,为此,蒙特福特于1263年发起"男爵运动"来抵抗亨利三世,次年发展为内战。1265年,蒙特福特战败身死,后被英国人尊为圣者。——译者注

正暴政的唯一办法只能依赖于神的报应,尽管这种报应毫无疑问要由其人间的代理人来实施。[18]这样,为国王的行为提供制度上的控制,在《论法律》中就成为悬而未决的问题,这一问题在当时欧洲大陆的著作中,恰好也同样悬而未决。这种控制措施应当是法律,布雷克顿对这一点的认识完整而明确。但是,能够使这种检验措施正式地、且精确地运作的制度在那时还没有出现。

现在,我们结束有关《论法律》的讨论而转向《大宪章》,这实际上是从高级法的法律传统转向了它的政治传统。柯克将《大宪章》描述为"古代普通法的复兴和宣言"[19],从而最终将这两种传统结合起来。但是,在柯克的这一观点得以成立之前,《大宪章》必须被纳入普通法之中。

宪法之父们认为,《大宪章》从一开始就已是英国人自由权的证明书。但是现代学者对此持有根本不同的看法。他们认为,《大宪章》一开始乃国王给特定的封臣阶层的特许权,而且或多或少是以整个王国为代价的。国王向男爵们答应,从此以后他再也不会像刚刚过去的那样,侵犯他们在习惯中形成的封建特权,尽管这种特权与国王其他臣民的最大利益决非一致。[20]

其实,《大宪章》在美国宪政理论史上的最终作用要直接归因于它在17世纪初的复兴,这场复兴在很大程度上应归功于爱德华·柯克爵士。但是,柯克所复活的这一传统绝不是他自己的发明。它一直可追溯到《大宪章》这一著名文件的早期史,且它的内容很大程度上也是由这段早期史规定的。《大宪章》之所以出名,更主要的是由于它是一纸文件,所以它可以明确而具体地体现高级法的观念。

从一开始,《大宪章》就显示出发展的因素,幸好它也置身于崇尚发展的社会环境之中。首先,《大宪章》的原始形式就不是一种制定法,而是一种契约。所以,当约翰王想努力摆脱其神圣诺言时,他转而求助于教皇,尽管他的请求当时获得了成功,但后来在确认过程中又恢复了这种不能减损的义务的完全有效性,这一点有很重要的意义。但更为重要的是,《大宪章》的某些条款,如同650年之后的美国宪法第十四修正案一样,采用了这样一些术语,它们使这些条款的应用不仅仅局限于眼前的现实问题或其中涉及的各种利益。与《大宪章》本身的这一特征相适应的是,贵族们早就发现,要想成功地维护《大宪章》以对抗国王,就要求所有阶级的合作,从而使所有阶级为各自的利益而参与进来。到了13世纪末,国王再也无法"依靠他自己生存了",只能靠形成惯例的封建赋税来弥补其支出,于是,国王被迫召集议会以减轻其财政困难。但是,议会的财政援助并不是有求必应的,而是有附加条件的,其中一条就要求国王宣誓遵守《大宪章》。[21] 当然,我们必须记住,这一切都发生在社会思潮浸淫于统治权受法限制这一思想的时代。假如《大宪章》是这一思想的源泉或其唯一表述的话,那么它一定很快就消失了。但是它还没有消失就表明了这样一个事实:它不仅支持统治权受制于法这一普遍传统,而且它本身也受到这一普遍传统的支持。

就美国宪法史和宪法理论史而言,《大宪章》任何一部分的重要性都无法与其29条的重要性相比,第29条是这样规定的[22]:

> 凡自由民,非经其具有同等身份的人依法审判或依照王国的法律规定,不得加以扣留、监禁、没收其财产、剥夺其自由权或自由习俗、褫夺其法律保护权、放逐或施以任何方式的侵害,不仅我们不能这么去做,而且我们也不能派人这么去做。

在这一段著名的条文中,我们目前的兴趣集中在其开首的那个短语"凡自由民不得"(*nullus liber homo*)之上。这一短语显然想要指出这一条款或整个《大宪章》

的受益人。尽管自由民(*liber homo*)这个词在一开始可能很少指贵族阶层以外的人[23],但是在这一点上,正如在其他方面一样,《大宪章》很早就显示出向前发展的能力。1225年第二次颁布的《大宪章》在当时被描述为,承认"人民和大众"(*tam polulo quam plebi*)与贵族享有同等的自由权。[24]我们发现在25年之后,有人用"共同自由权"这一词来概括《大宪章》的主旨。[25]更为惊人的是布雷克顿描述《大宪章》的术语——"自由法典"(*constitutio libertatis*)[26]——这一术语有意无意地将各种特定的自由权合并为一个自由权归功于《大宪章》。在此,我们又一次遇到令美国宪法与宪法理论的学者感兴趣的语词形式。现在,这种词语形式以其提供了《大宪章》最终彻底从封建的蛹体中脱颖而出的证据而著称于世。

《大宪章》并不只是沿着单一维度向前发展。随着它所保护的阶层和利益的范围的扩大,它作为高级法从而在某种意义上全面约束政府这一品格也不断增强,到14世纪,它便有可能被看做是类似于近代所理解的成文宪法。通过1297年的《宪章确认书》(*Confirmatio Cartarum*),爱德华一世命令所有的"法官、郡长、市长和其他大臣,凡是由我们任命且听命于我们的执掌王国法律的人",都要在他们处理的所有诉讼中,将《大宪章》当做"普通法"来对待。此外,任何审判,只要与《大宪章》或《森林宪章》相矛盾,都要"宣布为无效",而且"对于那些通过行动、提供帮助或予以建议"而使审判"有悖于前面所说的宪章"、或在某些方面超越了宪章之规定的所有人,大主教和主教都要给他们"以开除教籍的惩罚"。[27]在爱德华三世统治时期,《大宪章》作为高级法这一思想达到了其最高峰。在柯克注意到的、有关《大宪章》的32个王室确认书中,有15个出现在这一时期。[28]在爱德华三世统治接近晚期的1368年,在通常形式的王室确认书以外,又以成文法的形式添加了如下宣示：任何成文法规的通过，如与《大宪章》相悖，则"必然是无效的"（*soit tenuz p'nul*）。[29]

《大宪章》的辉煌时代持续了一个世纪，从爱德华一世的确认直到废黜理查德二世。我们发现在此后的100年，很少有人提到《大宪章》。从那时起，《大宪章》就愈来愈陷入无人问津的湮没之境，直到17世纪初反斯图亚特统治的运动中，它才再度复兴。《大宪章》后来这一段较长时间的沉寂，其原因可以简单地归之于都铎王朝的专制统治。正如亨利八世的传记作家指出的那样，连莎士比亚的《约翰王》一剧也没有提到《大宪章》。[30]但是，如何解释在都铎王朝之前《大宪章》就已无人问津，则不那么简单。不过，一般而言是由于这样一个事实，即几乎从《大宪章》面世以来它就一直不断地被吸收到普通法的主流之中。布雷克顿将《大宪章》看做是一部制定法，是他所探讨的全部法律的一个组成部分。爱德华一世则如同我们已经看到的那样，命令其法官在处理他们所遇到的案件时,赋予《大宪章》以普通法的效力和作用。玫瑰战争的客观环境也有助于这样的发展。议会是《大宪章》完整性和一致性的特定保护者。但是随着旧式贵族阶层的消失,议会已名存实亡,直到都铎王朝,统治者才从他们的拥护者中选出人来重新组织议会。另一方面,在一个人们日复一日不知道究竟是兰开斯特还是约克占据王位的时代,普通法院在多数时候仍然继续履行其适当的职责。[31] 其结果就是,由于英国人认识到《大宪章》所象征的大部分内容实际上已在法院的日常实践中得以实现,于是,他们便将很久以来一直保持的、特别是对《大宪章》的崇拜,转移到对整个普通法的崇拜上。

菲格斯神父在其著作中特别留意这一时代,他是这么说的:

> 普通法被描绘为带有一种尊贵的光环,一种只有最深刻原则之体现所特有的光环,以及

人类理性和上帝植入人心的自然法的最高表达所特有的光环。但是,人们尚不明白,一项议会的法令除了宣布普通法外,还可以起更多的作用。人们正是将普通法树为崇拜对象。他们认为普通法象征着有秩序的生活和有纪律的行动,它是来代替那个目前已结束的罪恶时代的放纵和暴力的。……普通法是法律最完美的理想,因为它是由多少代人的集体智慧发展而来并加以阐述的自然理性。……基于悠久的惯例和几近超自然的智慧,它的权威在议会的法令和王室的法条之上,而不是在它们之下,后者的短暂存在是由于国王反复无常的任性或其顾问们的一时高兴,它们只有物质的制裁力量,因此在任何时候皆可以废除。[32]

这种观点最卓越的代言人就是约翰·福蒂斯丘爵士,他是亨利六世时的大法官,曾陪同国王一块儿流放。

在流放期间,他准备了那部著名的《英国法礼赞》。[33]尽管这本书的税金(the toll of its pages)微不足道,但是它的重要性已由柯克和布莱克斯通的反复引用充分证明了,更不用提这两位著作家完全采纳了该书对英国法律习惯和法律制度的评价。但是,《礼赞》(*De Laudibus*)一书并不是简单地认可了过去人们对普通法的虔敬,它为英美宪法理论的发展贡献了具有重大意义的原理。这本书写成于法国,它特别强调法国的独裁政治与福蒂斯丘所谓的英国"混合政治"的对比,他将前者看做是彻头彻尾的僭夺民权。他认为,人民最初将他们置于王权统治之下的目的,仅仅是为了保护他们的财产和人身,鉴于此,人民显然决不会同意绝对的权力,而"如果国王的权力不是来自人民,他就根本不可能合法地拥有这样的权力"。[34]这样,如同在两个世纪之后洛克那里一样,统治权受限制的观点就建立在统治权源于民众这一思想之上。因此,英国法不承认"君主的意志具有法律效力"(*quod principi placuit*)这一准则;相反,国王既不能"改变那里的法律,也不能未经人民同意就夺取属于人民的东西"[35];这些法律"无论在什么情况下,皆宣布支持上帝在其创世时馈赠于人的礼物——自由"。[36]

自由权并不是英国法律制度的唯一成果,英国的繁荣反过来可直接归因于自由权。在《礼赞》一书中,有一段优雅的论述:

> 每一个居民皆可充分自由地使用、享受他的农庄里所出产的任何东西,如土地上的各种果实、不断繁殖的群羊,以及诸如此类的东西。他所改进的全部东西——无论是由于他自己的劳动,还是由于他雇佣来提供服务的人的劳动——都由他自己使用和享受,任何人不得阻止、侵扰或否认。无论在什么情况下,如果他以某种方式受到侵害或压制,他应当要求侵害方赔偿损失并满足他的要求。这样,居民们才

能金银财宝丰足,生活用品齐全。除非在某些特定时间,出于宗教原因或作为一种赎罪方式,他们才喝水。他们生活丰裕,吃的是山珍海味,这些东西随处可见;穿的是上好的毛料装,床上用品以及房间的其他用品也都由羊毛制成,这些用品堆积如山;他们也广有各种家务器具和耕作的必要工具。每个人依照其地位的不同而拥有不同的、使其生活安逸幸福的东西。……他们皆依据王国的法律受到仁慈和正义的待遇;除非依照国家的法律,并由国王的法官来审理,他们不会因其财产而受到控告,也不会因任何死罪——无论其罪行多么严重——而受到审讯。这一切皆是英国实行混合政治所带来的优越性……[37]

如同英国的法律制度支持英国的繁荣一样,英国的繁荣也支撑着其法律制度。福蒂斯丘争辩道,除了英国,世界上没有其他任何一个国家,能够实行由邻里组成的陪审团来审理案件,一个简单的原因就是,在其他国家里,邻里间没有足够多的为人诚实、且有能力承担这一任务的人。[38]

另外还值得一提的是《礼赞》一书的独特贡献,它的这一特征将它和以往所有颂扬高级法的著作明显区分开来,这就是福蒂斯丘关于法律具有职业神秘性的思想,即法律乃法官和律师界的特殊科学。几乎从一开始他就主张"法律正义"和"完美正义"的同一性。[39]后来,他通过书中设计的一名对话者(一位衡平法院的大法官)之口,详细阐发了这一思想。[40]他说,英国法由两个独特的部分组成:其一乃习惯、制定法、议会法令和自然法,这些相当于亚里士多德所说的"自然物之要素";其二乃"准则",即"无须用理性和推理来证明的原则",它们是不证自明的,这相当于亚里士多德所谓的"动力因"。人们一般具有的这两类法律学说中无论哪一类的知识,都是而且只能是表面化的,如同他们所具有的关于"信仰、爱戴、仁慈、圣礼和上帝的戒律"的知识一样,他们把那些"关于上帝的其他神秘知识留给主持教会的人"。在这方面,统治者本人的情形和他的大多数臣民没有什么不同;因此,他通过那位大法官之口说:

> 陛下,您完全没有必要通过如此繁琐枯燥的法律适用与研究,来探索法律的奥妙。……陛下如此用心钻研,或者说花费您的大好时光,用来探索法律的精髓,可能有点不太合适,这些事情还是留给您的法官和律师好了……另外,陛下最好还是让其他人在法庭上宣布判决,而不必由您大驾亲临。亲自坐堂问案或亲自宣判并不是我们英国国王的习惯。(*Proprio ore nullus regum Angliae judicium proferre usus est.*)
>
> 我很清楚,您的理解力飞快如电,您的才华超群绝伦,但是,要在法律方面成为专家,一

38

个法官需要花 20 年的时光来研究(*viginti annorum lucubrationes*),才能勉强胜任。[41]

130 年之后,福蒂斯丘所想象的这一对话场面终于隆重庄严地上演了。1608 年 11 月 10 日,一个星期日的上午,柯克和"英国的全部法官及理财法院的男爵们"在汉普顿法院当着詹姆士一世的面,反驳班克罗夫特大主教灌输给他的那个观点,即由于法官只不过是国王的代表,因而国王有资格亲自定案。柯克是如此记录这件事的,"法官们告诉国王,自从威廉征服英国之后,无论在什么样的诉讼中,再没有出现过国王亲自坐堂问案的情形,这涉及王国的执法问题。这些诉讼只能由法院单独作出裁决……"对此,国王的回答是,"他认为法律是基于理性的,他本人和其他人,与法官一样,也都具有理性"。但在下面一段话中,柯克指出国王的这种观点是荒谬的:

的确,上帝赋予陛下丰富的知识和非凡的天资;但是陛下对英格兰王国的法律并不精通。涉及陛下臣民的生命、继承、动产或不动产的诉讼并不是依自然理性来决断的,而是依人为理性和法律的判断来决断的;法律乃一门艺术*,一个人只有经过长期的学习和实践,才能获得对它的认知。法律是解决臣民讼诉的金质魔杖和尺度,它保障陛下永享安康太平。

柯克继续写道,"国王勃然大怒",并说"如此说来,他应当受法律的约束了,这种说法构成了叛国罪"。对此,柯克用布雷克顿的话来回答:"国王在万人之上,但是却在上帝和法律之下"(*Quod Rex non debet esse sub*

---

* 原文为"act",有的英文书中引为"art",也有的英文书中表示存疑而引为"act[art?]",根据上下文,疑为"art"之误,故译为"艺术"。——译者注

homine, sed sub Deo et lege）。[42]

这样,我们又回到了前面提出的问题,普通法用何种手段维持其相对于王权的至上性？或者略微换个角度来讲,"高级法"通过什么方法来保持其为"实在的"法律呢？如同我们所看到的那样,在布雷克顿那个时代,当一个臣民自认为被国王或国王的官吏冤枉时,他并没有可资利用的、常规的救济手段;但是,在随后的一个世纪里,这方面的制度改进颇引人注目。首先,爱德华一世对其下级官吏开始实行取消他们的(也就是他的)豁免权的政策。依照1285年颁布的《威斯敏斯特条例Ⅱ》第13条的规定,凡是被行政司法官吏非法监禁的人,要全部予以释放,就好像这些做出错误行为的官吏没有依法执行公务的资格一样。[43]更重要的是所谓权利请愿在这一时期的发展。[44]这样的请愿可以向国王、国王的司法大臣或枢密院提起。依照所赋予的请愿权,请愿者所提出的问题由司法大臣、枢密院、理财法院或王座法院依照法律来裁决[45];因为当国王提起诉讼或同意被起诉时,他只不过被看做是当事人一方而已。[46]这一发展于1346年达到其顶峰,这时,爱德华三世指示他的法官们不应当由于任何声称是他所签发的信函或命令而"忘了秉公执法",与这种意思大致相当的一个但书也插入到法官的宣誓中。[47]从此以后,王室的法令和主张皆不断地受到普通法律的审查,而这种审查经常由普通法院来执行。

这样的制度离实现现代的法治观肯定已不太远了。但是,有一些代表相反趋势的事实决不能被忽略。首先,法官们自己承认国王在许多事情上凭其特权而超越于法律之上,而且这都是为了公共利益。[48]其次,那些决定这类事务的法官都由国王来任命,他们的职务系于国王之喜怒。再次,在国王的诸特权中,有一项非常模糊的、废止制定法的权力,称作"免除权"(dispensing power)。最后,也是最重要的,1500年之后不久,那些主张国王至少在立法能力上完全不受任何法律约束的理论大行其道。正是这些事实和包含着高级法概念的这些理论之间的冲突,充斥于17世纪的英国史,也正是这场冲突中产生的力量,使高级法思想跨越大西洋而推进到18世纪的美洲。

注 释

[1] Adams, *Life and Works* (1851) 440;亦参见后注[32]。

[2] "阿尔弗雷德……Magnus juris Anglicani conditor……在其智囊的建议下,从伊纳、昂弗、埃塞尔伯特等地的法律中,搜集了最好的法律,然后一律在全国范围内予以实施。"后来的国王,如老爱德华、忏悔者爱德华、征服者威廉等,皆继续推行这一项有益的工作。"约翰王发誓要恢复它们(法律);国王亨利三世确认它们的效力;《大宪章》以它们为基础,而且爱德华一世在议会里也确认了它们的效力。" 3 Adams, *Life and Works* 541-42. 杰斐逊那精致典雅的理论也大体上讲的是相同的意思,即美国的宪法制度只不过是恢复了人类久已失传的、盎格鲁-撒克逊英国的政治制度而已。同时,他还提出这样一个看法,18 世纪英国的托利党人是诺曼人的直系后代,而辉格党人则是撒克逊人的嫡系后裔。Jefferson to Cartwright, June 5, 1824,载 Jefferson, *Writings* (Washington ed. 1854)卷 7,第 355 页; Jefferson, *Common Place Book* (Chinard ed. 1926)351-62。

[3] 1 *Select Essays in Anglo-American Legal History* (1907) 88.

[4] 同上注,第 97 页。亦可参见"English Law Before the Norman Conquest", 载 Pollock, *Expansion of the Common Law* (1904) 第 139 页。

[5] 作为例证的案例,参见 Allen, *Law in the Making* (1927) 第 359 页以次,参阅 *Co. Inst.* Ⅰ, 113 (a)。

[6] Pound, *Interpretation of Legal History* (1923) 118.

[7] 有关布雷克顿生平的精彩介绍,参见 Bracton, *Note Book* (Maitland's tr. 1887) 卷 1 中的导言,第 13—25 页。

[8] Bracton, *De Legibus et Consuetudinibus Angliae* (Twiss ed. 1854) f. 5b.

[9] 同上注, f. 107b。参阅 Dickinson, 第一节注[53]引书,第 Ⅸ Ⅷ页, 第 1、2、17、22 章。

[10] Bracton, 前注[8]引书, ff. 1, 1b。

[11] 同上注, f. 107b.

[12] 同上注, f. 2;参见第一节注[22]。

[13] 同上注, f. 34。参见梅特兰的评论, 载 Bracton, 前注

[7]引书,第29—33页。

[14] "Sumoneri non potest per breve."出处同上,f.382b,参阅 ff.5b 和 171b。亦可参见 Ehrlich, *Proceedings Against the Crown* (6 Oxford Studies in Leg. and Soc. Hist. 1921)第23、26、45、54页。

[15] Bracton, *De Legibus et Consuetudinibus Angliae* ff. 368b,369.

[16] Ehrlich,前注[14]引书,第129页。

[17] 同上注,第111页。

[18] *De Legibus et Consuetudinibus Angliae* f. 369. 一些权威人士认为,"国王不会做错事"这一准则是起源于亨利三世时的少数派的。但是,如果说这一准则在布雷克顿时代就已存在,那么它的含义与它今天的含义几乎相反。"如果国王(或其他人)说国王'不能'做某事,这并不意味着如果国王已做了某事,那么这个行为将不会归于国王,而是说不允许国王这么去做,就像不允许臣民犯有轻重罪行一样。"Ehrlich,前注[14]引书,第127页。

[19] *Co. Inst.* Ⅰ,8;同前,Ⅱ,81;参阅 Hansard,*Parliamentary History* (1628)卷2,第333页。

[20] Adams, *Origin of the English Constitution* (1912) c. 5; McIlwain, *The High Court of Parliament and its Supremacy* (1910) 第54页以次。

[21] Adams,前注[20]引书,特别是注释160、第162页以次; McIlwain, "Magna Carta and Common Law",载 *Magna Carta-Commemoration Essays* (Malden ed. 1917)第156—160页。

[22] "Nullus Liber homo capiatur vel imprisonetur aut disseisiatur de libero tenemento suo vel libertatibus vel liberis consuetudinibus suis aut utlagetur aut exuletur aut aliquo modo destruatur nec super eum ibimus nec supereum mittemus, nisi per legale judicium parium suorum vel per legem terrae." 试比较1225年公布的《大宪章》和最初公布的《大宪章》第39条的不同。正是1225年公布的《大宪章》才"成为英国法上的《大宪章》(the Great Charter)"。Adams,前注[20]引书,第282页。它也被称做"《大宪章》"(Magna Charta)。

[23] Adams,前注[20]引书,第 265 页;McIlwain,前注[21]引书,第 80—81、170 页。

[24] McIlwain,前注[21]引书,第 171 页。1354 年又规定(28 Edw. Ⅲ, c. 3):"任何人,无论其财产状况和社会地位如何(nul homme, de quel estate ou condicion qil soit),非经法律正当程序的讯问,皆不得剥夺其土地或地产,不得被扣留、监禁、剥夺继承权或处以死刑。"1 *Stat. Realm* 345.

[25] McIlwain,前注[21]引书,第 172 页。

[26] Bracton, *De Legibus et Consuetudini bus Angliae* f. 168b. 他也将其简称为"法典"(Constitutio),出处同前,169b。

[27] Adams and Stephens, *Select Documents of English History* (1911) 86-87.

[28] 关于后来的这些《大宪章》确认书,亚当斯写道:"与其说它们表达了重申《大宪章》具体条款的愿望,……还不如说它们表达了想让国王总体上承认他应受法律约束这一愿望。"Adams,前注[20]引书,注释 289 和 290。

[29] 42 Edw. Ⅲ c. 1(1368);1 *Stat. Realm* 388(1368);

3 *Co. Inst.* 111；出处同前,第 81 页。

[30] Pollard, *Henry* Ⅷ(1905) 35. 但是,正如波拉德所注意到的那样,在指控沃尔西犯有王权侵害罪(*Praemunire*)的诉讼中提到了《大宪章》,而且由一个叫乔治·费雷斯翻译的《大宪章》也于 1541 年在伦敦印行。出处同前,第 35 页。

[31] 有关司法审判被零星的暴力事件所打断的某些证据,参考 *Paston Letters*(Fenn ed. 1873)全书各处。《大宪章》是"这一王国的普通法和古代法的一部分"。2 Hansard, *Parliamentary History* 333(1628)."国王不能取消《大宪章》,它已成为普通法的一部分。"6 Comyn, *Digest*(Dublin ed. 1793)标题 35,"Praeogative", D. 7,引自 Rol. 卷 2,第 115 页。

[32] Figgis, *Divine Right of Kings*(2d ed. 1914) 228-30. "普通法是绝对完美的理性。" 2 *Co. Inst.* 179. 普通法"自身具有成长和进步的原则……它是世界上存在过的法律制度中……最完满、最值得称道的制度——它具有最健康和最具有活力的原则,它最有利于公民自由,最接近于神法,在对个体的人的或人类社会的统治中,它最适合于作为宗教本身的辅助者

和帮助者"。Barnard, *Discourse on the Life, Character, and Public Services of Ambrose Spencer* (1849) 52. 亦可参见 Adams,前注[20]引书的全书各处。

[33] Fortescue, *De Laudibus Legum Angliae* (Amos ed. 1825). 这个版本是依照弗兰西斯·格雷戈尔 1775 年的译本出版的。该译本忠实得有点过头了。在第 34 章的结尾处(第 128 页),依照编者的说法,福蒂斯丘是这么说的:"依照政治统治的正当规则性、或依照正确理性来管理国民并不是一种约束,而毋宁是一种自由。"而后面的"依照正确理性"这几个字在原来的拉丁文中并没有相对应的原文。这里提到的页码是 1825 年阿莫斯版的。

[34] Fortescue, *De Laudibus Legum Angliae c.* 14, *at* 41. 亦可参见上引书,第 26、38、126 页。

[35] 同上,第 9、18、34、36 章,第 26—27、38、55、125、136 页。"议会代表"的表述出现在第 55 页。

[36] 同上注,第 42 章,第 157 页。

[37] 同上注,第 36 章,第 136—138 页。

[38]同上注,第25、26、29章,尤其是第91、104—105页。在27章的第93页,出现了这样一个著名的观点:"宁可让20个有罪的人逃脱死刑的惩罚,也不能让一个清白无辜的人被判有罪而遭受极刑。"福蒂斯丘对英国制度的赞美以及他对法国制度的蔑视,极为有趣地表现在他对"现代法国"的评述之中,他说:"法国法并不同于我们的律师在法庭(Courts of Law)上所采用的那一套东西,而是在共同运用中改变了或败坏了的东西。"出处同前,第78页。

[39]同上注,第4章,第11页。

[40]同上注,第8章,第20页。

[41]同上注,第8章。有关这个问题,参见阿莫斯的精彩注释,载Fortescue,前注[33]引书,第23—25页;亦可参见 *Co. Inst.* 卷2,第56页。布丹也承认君主不应当亲自执法。Bluntschli, *Theory of the State* (1895) 517. 布雷克顿截然不同的看法,参见 *De Legibus et Consuetudinibus Angliae* f. 107。爱德华三世努力使王权无法干预司法过程。

[42] Prohibitions del Roy, 7 Co. 63-65(1609)."无论统治

者还是被统治者,都在很大程度上将法律看做是一门科学。它能够经过专门的钻研而掌握,但不能被政府随便的意志而改变,就像数学的原则和结论不能被随便改变一样。" *Sidgmick, Elements of Politics* (2d ed. 1897) 652-53,引自 McIlwain, *High Court of Parliament* (1910) 47。"原来由上帝单独以准确无误的衡平来实现的部分或大部分正义,现在已交由他们(法官)来执掌。"Barnard,前注[32]引书。

[43] Ehrlich,前注[14]引书,第 111 页。

[44] 同上注,散见于第 82—96 页;出处同前,第 179—180 页。自爱德华一世以来,就流传着一个古老的构想,它根据通过请愿而获得的管辖权利和惯例而支持法院。关于这一古老构想,参见上引书,第 54 页。

[45] 同上注,第 107、120 页。

[46] 同上注,第 108 页。

[47] 同上注,第 131 页。

[48] 同上注,第 17—19、40—41、51、56—64、131—141 页。

第三节

都铎王朝将议会由对付王权的基地改造为对自己有用的工具,这真是一种巧妙的策略。这种王权与议会的联盟对英国的宪法思想产生了很大的影响。同一时代的布丹将国家的全部权力皆归于法国国王,并将这种权力描述为如同"立法至上"(*legibus soluta*)一样"永恒而绝对的"权力。[1]与此刚好相反的则是托马斯·史密斯爵士的学说,他在接近伊丽莎白统治中期写成的《英格兰·共和国》一书中主张:

> 英格兰王国最高的、绝对的权力在于议会。……凡是议会同意做出的,皆认为是坚实

可靠的、稳定不变的和神圣不可侵犯的(*sanctum*),而且被看做是法律。议会制定新的法律并废除旧的法律,……并且具有在整个王国从精神到物质的统治权。每个英国人都被期待出席议会,无论是他本人亲自来,还是他委托别人来。[2]

由于都铎王朝的改革——一项国王与议会共同努力的产物,"绝对立法权"(*potestas legibus soluta*)意义上的主权概念,变成仅限于国王习惯上"依照议会的建议并征得议会的同意"而行使的那部分权力。

但是从一开始,这种带有英国特色的妥协就遭到来自两方面的攻击。斯图亚特王朝不喜欢与议会合作,它通过求助于王权神圣的学说,力求摆脱这种合作的需要。作为回应,它的议会反对者们毫不犹豫地以普通法至上的名义,向都铎王朝改革在宪法方面的显著成果发起挑战,其中最突出的人物就是爱德华·柯克爵士。

对于我们的前辈们来说,柯党以评注利特尔顿的《租佃论集》一书而著名。许多年之后,杰斐逊在提起革命前的那段日子时写道:"《柯克论利特尔顿》是当时学生普遍使用的法律教科书,没有哪一位比柯克更明智的辉格党人写过这样的书,也没有哪位在英国宪法的正统理论和被称之为英国人自由权理论方面造诣更深的人写过这样的书。"[3]但是,在他成为英国法的评注者之前,柯克曾历任法律的公布人、王室检察长、高等民事法院院长、王座法院大法官和议会议员。他一直是那个爱德华·柯克,一位引人注目的、爱挑衅攻击的人物,他那坚定不移的意志,使其无论身居何种官职,皆使人强烈地感受到他的存在。对于这样一位有机会站在各种不同职位的角度上来发表高见的人物,要求其观点前后完全保持一致,未免有点太苛求了。作为一位中世纪史专家和法学家,柯克的目标明显是政治性的,即约束王权。所以,先例和权威——这都是法学家最常用的素材——

必须服从于他所选定的目标。确实,如果情况需要的话,这些素材也可以进行适当的渲染修饰,对于传统的这些做法,柯克的看法与那些以教诲为目的的中世纪编年史家的看法几乎同出一辙。在另一方面,柯克也是彻头彻尾的中世纪式的人物。他所采用的论述方法,即使在其《英国法总论》中,也是那种令人心烦的片断式论述,其结果是,他那些比别人开阔的见解经常要从一大堆不同的叙述中挖掘出来再拼凑在一起。研究柯克的学者也不可能不注意到纯粹由于时代的影响而引起的理解柯克所使用的术语的困难。几个世纪之后,麦迪逊告诫人们注意"那些由于单词和词组在含义上的变化所引起的谬误",在研究柯克方面,这一告诫可谓切中肯綮。[4]

尽管在做皇家总检察长时,柯克明显地竭力维护国王的利益,但是他作为法官与詹姆士一世的冲突却成为司法史上著名的一章。他的基本信条是"除了法律与国家认可的特权外,国王没有特权"。[5]而且,这种特权的权威解释者是法官而不是国王。[6]柯克告诫詹姆士国王,除了由不受王权干涉的普通法院来审理外,国王无权审理臣民之间的诉讼,关于这一告诫的背景,上面已谈过了。后来,他又找了个理由告诉詹姆士国王,他不能通过发布命令而使"以前法律所许可的事情,现在变成非法的事情"。[7]在这些场合,柯克获得了法院同僚们的支持,但是在 the Commendams 案中,他却被同僚们孤零零地遗弃在一边。在该案中,法官们所面临的问题是,当他们遇到国王认为"涉及他的权力或利益"的案件时,法官们是否可以被要求延缓审理,直到国王和他们相互磋商为止。除了柯克外,所有的法官皆回答"是",而柯克的回答却是:"当这样的案件应当审结时,他将按一个法官应当做的那样来审理此案。"[8]不久之后,柯克的大法官职务也就被撤销了。

但是,对于研习美国宪法和美国宪法理论之起源的学者们来讲,柯克的审判意见——其实很少有形诸文字的——在能引起兴趣和具有重要性方面,没有哪一个能比得上他在 *Dr. Bonham's Case* 中写的所谓"附论"(dictum)*。该案是由高级民事法院于1610年裁定的。[9]在该案中,柯克坚持认为,尽管博纳姆医生没有取得伦敦医学院颁发的执照就在伦敦市行医,但是医学院没有资格依据它所援引的议会法令而处罚他。柯克认为:

> 在许多情况下,普通法会审查议会的法令,有时会裁定这些法令完全无效,因为当一

---

* "附论",亦写为 *obiter dictum*,系法官于判决中发表的一种意见,惟此种意见不构成本案判决的决定性因素,因此被称为"附论",而有别于"判决根据"(*ratio decidendi*)。根据先例原则,"附论"对后来的法官不具有拘束力、仅有参考价值,不过,何者为"附论",却须由后来的法官来决定。——译者注

项议会的法令有悖于共同权利和理性、或自相矛盾、或不能实施时,普通法将对其予以审查并裁定该法令无效,这种理论在我们的书本里随处可见。[10]

从这些字眼,我们不仅可以预见到今天美国法官们所运用的、以制定法与宪法相矛盾为理由而否决它们的权力,而且也预见到了使这种权力最终成熟起来的"合理性"检验标准。如果有可能的话,我们必须确定,柯克本人的意图在多大程度上能认可对其理论的这种现代运用,而且也要确定,柯克作出这种裁决的历史背景在多大程度上允许这么做。

我们首先可以从与这些问题附带相关的一个问题入手。毫无疑问,在使用"共同权利和理性"这一短语时,柯克还是暗指"人为理性和法律判断",他将法官界和律师界看做是它的特别保护人。在此,特别值得注意的是,他所运用的这些短语绝不是从狭义上来理解的、官方的或语义精确的术语,这在100年以前也许会如此。在16世纪早期,《博士与学者》一书的作者,可能是为了道出都铎王朝时代对那些约束政府权威诸原则的怀疑,花了很大精力来说明"那些精通英国法的人们并不使用""自然法"这一术语。[11]而柯克及其审理 Bonham's Case 时的同僚们所提出的看法却与此大相径庭。在关于 Calvin's Case 的法律报告中——该案与 Bonham's Case 是在同一年裁定的——柯克沿用英国法律界头面人物的论点,以概括的方式写道:"1. 依照自然法,臣民对主权者的忠诚与服从是正当的;2. 自然法是英国法的一部分;3. 这种自然法先于世界上任何审判所采用的法律或国内法;4. 自然法是永恒的,不能被改变。"[12]接着他就引用下面精致的论述来支持这些命题:

> 上帝在造人的时候,为了保全和指导人类而在人心中注入了自然法。它就是 *Lex aeter-*

> *na*,即道德法,也称为自然法。这种法由上帝的手指写在人的心灵上,在摩西书写法律之前,上帝的子民长期以来一直由这种法管理着,摩西是世界上第一部法律的公布者和制定者。……亚里士多德在《伦理学》第五卷"自然的记录者"中指出,自然法对所有的人具有同样的效力(*jus naturale est, quod apud omnes homines eandem habet potentiam*)。布雷克顿在第1卷第5节,福蒂斯丘在第8、12、13、16节,《博士与学者》的第2、4节皆同意这种观点。[13]

一股清新的思想活水已从欧洲大陆涌进了英国,英国学者对自然法观念所表露出的率直接受态度具有深远的重要意义。它使得在与斯图亚特王朝进行的那场伟大的宪法斗争中,柯克能将其理论建立在福蒂斯丘的基础上,而洛克又能将其理论建立在柯克之上。它使得16世纪的法条主义和17世纪的理性主义结成联盟,而当时结成的这一联盟至今于某种程度上仍然在美国宪法及其理论中起着重要的作用。

不过,对于柯克赋予"共同权利和理性"何等重要性的问题,我们可以作出较为肯定的回答。在这方面,读者还须将注意力转向那些"准则"。依照福蒂斯丘,这些准则"不需要用理性和论证来证明",它们是不证自明的。而且依照这位权威人士的看法,这些准则构成了由法官所运用的法律这门特殊科学的真正内容。[14]对这样一种"普通法的基本观点",柯克所表示的尊敬并不亚于他的前辈们。[15]而且柯克发现,在 Bonham's Case 中,恰好涉及这一类准则。医学院罚了博纳姆的款,并且将一半罚金据为己有,这种行为由于是依照议会的法令做出的,故蒙上了官方权威的色彩。对此,柯克的评论是:"学校的学监们不可能同时是法官、大臣和当事人;法官可以进行审判或判决,大臣可以进行传唤,当事人可以收取一半的罚金,因为任何人不得在自己的案件中担任法官,相反,在自己的案件中充当法官是非法的(quia aliquis non debet esse judex in propria causa; imo iniquum est aliquem suae rei esse judicem)。"[16]在此之后紧接着就是前面提到的那段著名的"附论"。

简而言之,"共同权利和理性"就是某种永恒不变的、最基本的东西,它就是高级法。这里,有必要再次注意到柯克的学说在美国宪法及宪法理论中得到的认可。在柯克的著述中,此类准则随处可见[17],它们在许多情况下可以追溯到《学说汇纂》或《查士丁尼法典》,其中的许多准则经由柯克的著作,出现在美国法院的早期判决中,有时作为对成文宪法的解释,有时作为对它的补充。这样的原理之一便是下述信条:"制定法应当是前瞻的,而不能追溯既往。"[18]另一个原则是"任何人皆不应因同一过错而两次受罚"。[19]再一个就是"每个人的居室就是他的藏身所"[20]这一准则。还有一个原理在关于警察权*这一司法概念的演化史中扮演了重要的角色,那就是格言:"使用自己的财产不得损及他人的财产"(*Sic utere tuo ut alienum non laedas*)[21];而另一个在美国宪法诉讼史中几乎与此齐名的原理就是:"自己的代理权不应当委托他人代理"(*delegata potestas non potest delegari*)。[22]所有这些公理都可以从柯克的(法律报告)或《英国法总论》中加以引证。美国早期的律师和法官所采用的每一条此类公理都首先来自柯克的这些著作——如果不是来自由此衍生的中介著作的话。我

---

* 原文为"police power",是指美国宪法第十修正案赋予各州及地方政府的一项职权,依此建立特别警察部门,通过维持公共秩序、防止公民的权利冲突,进而依法保护安全、维护道德、促进健康和社会繁荣。这是一项职能广泛的"社会控制"的权力。国内法律文献中多有译为"治安权",似乎不合该权力背后隐含的通过扩大政府职能实现福利社会之意蕴,故直译为"警察权"。——译者注

们也许还可以提到那些解释成文法律文件的大量规则，这些规则也来自上述渊源，它们一开始就被修改适用于宪法解释这种事务。[23]

这样，我们就触及了柯克所谓的"审查"议会的法令和"裁定这样的法令无效"的真实含义这一问题。当美国最高法院宣布国会的法令"无效"时，其通常的含义是指这项法令从一开始（*ab initio*）就无效，因为它超越了国会的立法权力，更进一步讲，这也通常意味着，最高法院将会同样宣布国会依同一宗旨颁布的任何法令都无效。柯克真的主张普通法院具有如此彻底的权力来撤销议会的法令吗？

有一点似乎首先应当肯定——柯克并非像我们现在所简单地主张的那样，认为制定法解释规则的效力源于假想的议会的意图，尽管 *Bonbam's Case* 所涉及的制定法是从这个角度来解释的。[24] 正如我们已经看到的那样，柯克正在实施一项在他看来既可以约束议会也可以约束普通法院的高级法规则。这亦可以从他对待他所引证的先例中看出来,其中最古老的先例就是爱德华三世即位8年之后发生的 Tregor's Case。[25]在该案中,大法官赫尔说过这样的话:"有一些制定的法规,连它的制定者本人都不愿实施它",尽管他没有说明为什么。可是根据柯克的看法,这句话就变成:"一些法规在制定时就违背普通法和权利,它的制定者一旦意识到这一点就不会执行它。"换句话说,立法机构自身承认,在制定法之外,有一些对其具有约束力、且可以宣布它无效的原则。对另外的两个先例,柯克也进行了类似的精心改造。[26]

此外,我们在此应回想起柯克反复强调的主张:有悖于《大宪章》的制定法是"无效的"。在议会宣布它过去制定的法令无效时,议会本身就不止一次肯定过这一主张。[27]当然我们也不应该忽视他在 Case of Non Obstante or the Dispensing Power 中说的那些话:"任何法令都不能约束国王的特权,这些特权只属于国王一人,且与他本人不可分。不过国王也可以行使免除权(*Non Obstante*)来撤销这样的法令;这种免除权可以作为一项主权权力,用来命令其臣民为了公共福利而服务于他",或者可以作为一项赦免的主权权力。为此,柯克引证了承认这一原则的议会法令。[28]在 *Bonham's Case* 之前开庭的 *Calvin's Case* 中,柯克重复了同样的原则,唯一的例外是国王的特权依赖于"自然法"[29]这样的原则人们肯定不会忘记,只要我们考虑到,在柯克的思想里,与此并存的是这样的原则:国王的特权要受制于普通法院所适用的普通法为他划定的界限。

所以,我们至少可以断定,在 *Bonham's Case* 中,柯克自认为他在实施一项解释成文法的原则,这种原则比任何议会的法令本身都具有更高的内在有效性。但另一方面,这是否必然意味着他认为普通法院就是这种规则终极的权威解释者呢?与柯克同时代的大法官埃尔

斯米尔就对柯克在 *Bonham's Case* 中的"附论"持批评态度,下面这段意味深长的话表达了他的反对理由:

> 柯克并不反对该法院(王座法院)的法官们有权更正所有不端行为,以及没有审判职能而行使了审判权之类的行为,也不反对当法官们认为制定法和议会的法令有悖于共同权利和理性时,裁定它们无效;而是反对让国王和议会来判定什么是共同权利和理性。我并不是说柯克的反对意见是不可能的,或本身是自相矛盾的。[30]

所以,柯克的那一段"附论"在那个时代所引起的争论,并不像我们今天所说的那样是司法权和立法权的争论;而是普通法院的法律宣布权和"议会高等法院"的法律宣布权之间的争论。

考虑到国王和议会之争预示着出现僵局,柯克可能一度曾幻想通过法官之口向国王和议会宣布法律,否则就很难理解埃尔斯米尔对他的那些批评。这种日积月累的批评成为6年后迫使柯克从法官生涯中引退的实质性原因。进一步证实这种猜测的是,一方面,柯克的法官意见明显地显示出强词夺理的特点,因为该案件已经依据其他理由作了恰当的处理;另一方面,柯克在后来力图从那种站不住脚的观点中摆脱出来。在1612年判决的 Rowles v. Mason 案中,柯克陈述道,普通法"更正、认可和否决制定法和习惯法,因为如果制定法中有自相矛盾的地方,或者习惯法中有不合理的地方,那么普通法将否决并拒绝这些东西,就像在 Doctor Bonham's Case 中所展示的那样……"[31]如此陈述这一问题,似乎使柯克的理论与埃尔斯米尔的观点站在了同一个立场上。柯克后来在《英国法总论》中的表述也基于同样的调子。确实,柯克有一次依据爱德华三世时期的大法官赫尔的观点,主张议会高等法院的判决"是可能存在的最高级的法"。[32]

简而言之,尽管柯克认为普通法院有独特的资格来解释和适用理性的法,但是,至少在最后,他也承认议会高等法院充当公布法律的机关这一更高要求。确实,如同我们即将看到的那样,柯克在其最后的岁月里,尤为全心全意地维护议会在这方面的权能。尽管他在博纳姆案的"附论"里揭示出司法审查理论的一个必不可少的前提条件,但是它仍然缺乏另一个条件,这个条件有赖于分权原则,当然,这只能留待以后来解决了。

关于接受和传播柯克的那一段"附论",还应当再补充几句。尽管在后来的 *Day v. Savadge* 案[33]中并没有提及 *Bonham's Case*,但是大法官霍巴特在后来这一案件中所说的话无疑是对柯克的回应:"甚至一项议会法令,如果违背自然公平,使得一个人审理涉及他自己的案件,那么这个法令本身就是无效的,因为自然法是不可改变的(*jura naturae sunt immutabilia*),它们是法律学说(leges legum)。"[34] 由此,布雷克顿——最终是西塞罗——都被用来作为柯克的佐证。在1653年判决的 *Captain Streater's Case* 中[35],当时在贝尔朋议会*的操纵下,柯克的上述"附论"第一次遇到了正在兴起的立法至上原则的挑战。斯兑特因为一项议会的命令而被捕,于是他向法院申请人身保护(habeas corpus)令状,理由是这一命令并不是"王国的法律",因而是无效的。他辩称道:"议会总是不断地制定法律,但是,要由法官来依照那些法律审理案件。"对此,法院的回答是:"斯兑特先生,事物总是有高有低,卑贱者必须服从高贵者……如果议会将要做某一件事,而我们法院却与此背道而驰,那么事情将会兜圈子而乱了套。所以我们必须

---

* 贝尔朋议会,亦称小议会(Little Parliament)或指定议会(Nominated Parliament),是由克伦威尔于1653年召集他指定的人组成的议会,得名于其中的一个清教徒贝尔朋(Barebone)。——译者注

服从于立法权……"[36]

不过,甚至晚至1701年,我们发现霍尔特大法官在 *City of London v. Wood* 案[37]中重新肯定了柯克在 *Bonham's Case* 中的观点,但却有相当程度的含糊其词。在法官意见中的某一处,霍尔特指出,市政实施细则与议会法令的不同就在于,"细则的有效性易于受到质疑,而议会法令的有效性则不会出现问题"。但在后面他又说:

> 柯克勋爵在 *Dr. Bonham's Case*(载柯克,第8卷)中的主张非常理性且很真实,决没有夸大其词的地方。如果议会的法令规定同一个人既是当事人也是法官,或者说法官审理有关他自己的案件(这是一回事情),那么议会的法令就是无效的;因为一个人不可能既是法官,同时又是当事人,法官的职能是裁定当事人之间的争讼……[38]

霍尔特在此使用了"不可能"一词,其确切含义是指什么呢?它指的是不可能避免非正义呢?还是指不可能避免逻辑上的荒谬呢?——后者就是柯克所谓的"自相矛盾"。它也许会招致某种类似于物体即此亦彼的不可能情形。在这一种情形中,约束议会法令的仍然是高级法,而在另一种情形中则不是。除了说霍尔特(还有后来的布莱克斯通)试图弥合两种相互矛盾的法律理论的鸿沟外,这一问题可能无法得到进一步的解决。如同我们将要看到的那样,这些尝试为美国早期的司法审查制度提供了有益的依据。[39]

从霍尔特那个时代起,在英国重要的法官意见里再也没有引证过柯克的那一段"附论",但是,后者确实出现在当时编写的《学说汇编》和《学说精选》这一类倾向于综合性而不是批判性的著作中。通过这些著作以及柯克的《法律报告》,柯克的那种思想传到了美国,并成为正在聚积的、反对议会主权这一主张的思想武库的一部分。

1616年,在柯克从高等民事法院调到王座法院3年之后,他被解除了全部法官职务。4年之后,他被选入下议院,在那里,他立即担当起不断增强的反斯图亚特王朝势力的领导权。1625年,查理继承了詹姆士的王位,1627年,又发生了国王发布命令随意逮捕五爵士一案*。这一事件导致了议会进行大规模的臣民自由权调查,并最终形成《权利请愿书》。[40]在这一系列举动中,柯克一直起领导作用。本杰明·鲁德亚德爵士那段风趣的话清楚地表达了这些举动的总体趋势。鲁德亚德爵士以极大的喜悦目睹了"《大宪章》这一货真价实、

---

* 五爵士案(Five Knights)又称达内尔案(Darnel's Case),指1626年查理一世未能从议会获得拨款而决定强行征税。身为议员的五个爵士(其中之一乃达内尔)拒绝纳税,并申请了人身保护令状,但是,由于国王的特别命令而被捕入狱,直至1628年获释。——译者注

历史悠久但已近风烛残年的法律,长期以来一直足不出户且卧床不起,现在好像……又开始四处走动了"。[41]柯克的主要目标仍然是限制国王的特权,但是,他的言辞中也主张,议会的权力同样受到宪法的限制。尤其具有重要意义的是他关于"保留国王主权权力"条款的论述,这一条款最初由上议院的议员们附加在《权利请愿书》中。由此产生的问题是"何为主权权力",一个议员引用布丹的观点,认为"它是不受任何条件限制的权力";对此,柯克挺身直言:

> 这真是小题大做(*magnum in parvo*)。……据我所知,君主的特权是法律的一部分,但"主权权力"可不是议会说的话。在我看来,承认主权权力将会削弱《大宪章》以及所有制定法的地位;因为它们是绝对的,并不受制于"主权权力";如果我们现在给它们附加上"主权权力",我们将会削弱作为基础的法律,法律的大厦也

必将因此而坍塌。请注意我们所服从的《大宪章》:它是这样的一个家伙,它不会需要任何"主权"的。[42]

在这场辩论中,温特沃思和皮姆也持同样的观点。温特沃思说:"这些法律从来不知道有'主权权力'";而皮姆补充道,议会自己"从没有拥有过主权权力,更不用说能将这一权力授予国王了"。[43]这一辩论的另一个值得注意的特色就是,在辩论过程中出现了"违宪的"这一术语,它基本上是在政治讨论中使用的、现代意义上的术语。[44]

在《英国法总论》中,柯克——依然是那位随时准备论战的下议院议员——已将《大宪章》恢复为英国人自由权的证明书。它之所以被叫做"《大宪章》,并不是由于它篇幅巨大……而是由于……它所包含的内容至关重要且崇高伟大,简而言之,它是整个王国所有的基本法律的源泉"。[45]作为对普通法的宣布,"《大宪章》

这一制定法已被确认了三十多次"。[46]任何与它相悖的判决和法规"皆为无效"。[47]《大宪章》福泽全民,甚至包括农奴,除了他们的领主外,农奴对其他任何人而言,都是自由民。[48]那么这些福泽是些什么呢?这些福泽尤其是指普通法历史中形成的程序所带来的各种利益,诸如众所周知的普通法院的诉讼程序、大陪审团提起诉讼、"依照王国的法律"来审判、人身保护(*habeas corpus*)免受垄断的侵害、非经议会同意不得征税等。[49]于是,"共同权利和理性"这一含糊不清的概念就被一种"基本法"的概念所代替,后者不仅具有明确的内容,而且可以追溯到具有辉煌起源的一个古老的具体文件。

在《英国法总论》中,"议会高等法院"是和《大宪章》放在一起论述的。柯克对其权力的描述常常被人解释为与他的有关"基本法"的学说直接抵触。该书中有一段著名的话是这样说的:"议会的权力和管辖范围,就其通过议案来立法而言,是如此超越而绝对,好像它既不受任何理由的约束,也不受任何人的约束。"[50] 125年之后,布莱克斯通引用这段话来表达议会主权的思想。[51]事实上,这段话在柯克的书中并没有如此重要的意义。正如柯克自己的话所显示的那样,他将议会首先归类为一种法院,尽管这个法院既可以制定新法,又可以公布旧法;但是他所描写的议会的权力和管辖范围,也并不是有资格随心所欲地践踏各项权利;尽管它有权触及所有的"人和事"。[52]而且拿今天的标准来衡量,他对议会"超越的权力和管辖范围"的阐述,也根本不是讲述关于制定法律这些事情,而只是关于在单独案件中,一种衡平法管辖权的运用。尽管这种权力的运用似乎常常侵犯那些直接影响到的人们的权利,但是这种运用显然受到维护其他人的权利这一动机的约束。

依据议会的法令,女儿和当然继承人……在被继承人依然活着的时候就可以继承财产。议会可以裁定婴儿和未成年人为达到法定年龄的人,可以在一个犯有叛国罪的人死后,宣告剥夺其财产和公民权利(在柯克看来,在一个人活着的时候,宣布剥夺其财产和公民权利是议会权威最平常的表现,因此不值得专门提及)。它可以给一个纯粹的外国人授予国籍,使他相当于本国出生的臣民。当父亲被证明是通奸者时,议会可以宣告根据法律合法的子女为私生子。它也可以宣布私生子为合法子女……[53]

很明显,我们在此所举的例子说明的并不是立法的绝对权威,而是从根本上就缺乏现代的、对立法和法院裁定所作的区分。

很显然,柯克通常将议会的事业和法律的事业看做是完全一致的。《大宪章》本身就起源于议会,后来议会迫使或多或少有点不情愿的国王认可《大宪章》达32次之多。柯克写道:"议会将法官、官吏和所有人安排在良好的秩序中。……(注意,这一名单中也包括法官)议会和普通法是使那些崇高伟大的权利井井有条且尊卑有序的主要手段。"[54]

柯克对美国宪法起源的贡献可以简单地概括如下。首先,他在 Bonham's Case 中的"附论"提供了一种语词形式,这种语词形式最终经过一大批法官、评论者和律师,在不考虑柯克其他思想的情况下,进行专门阐释,从而成为司法审查概念最重要的一个源泉。尽管现在我们可以看到,由于普通法本身普遍隶属于制定法,仅仅建立在"共同权利和理性"上的司法审查制度是无法幸存下来的,这一点也毋庸置疑。但是,柯克仿佛已料到了这个困难,为此,他提出了基本法的学说,这是他对美国宪法的第二大贡献。这种基本法既约束议会,也约束国王,而且这种法在很大程度上体现在一个特定的文件之中,并将确定的内容寓于日常制度的习惯程序之中。从柯克所理解的《大宪章》,经由 1688 年的《英国宣言》

和1689年的《权利法案》,一脉相承地发展到我们美国宪法早期的《人权法案》。如果说,美国宪法于最近半个世纪已经愈来愈倾向于降低程序细节的重要性,而转向含义较为模糊的检验标准"共同权利和理性",那么严格的法律这一中介环节依然是必要的。最后,柯克为美国宪法贡献了在法律之下的议会至上的思想。这种思想随着立法活动和法院裁定的分离,最终可以转变为在法律范围内立法至上的观念,而这种法律又需依法院裁定过程予以解释。

注　释

［1］Dunning, *History of Political Theories*(1916)卷2,第96页以次。

［2］Smith, *De Republica Anglorum* (Alston ed. 1906)卷2,第1章。柯克认为他那个时代的大多数法律,无论是成文法还是普通法,都是不可改变的。2 *Co. Inst.* 187. "英国人民既有古老的基本权利、自由权、选举权和法律,又有一个基本政府,这就像米提人和波斯人的法律一样,既不可以也不应当有所改变。"Prynne, *Good Old Fundamental Liberties* (1655)第1部分,第27页。

［3］12 Jefferson, *Writings* (Mem. ed. 1903) Ⅳ. 杰斐逊在当学生时,就对柯克颇有微词。出处同前,卷4,第3页。

［4］尤其参见 MacKay, "Coke—Parliamentary Sovereignty or the Supremacy of the Law?" (1924)22 *Mich. L. Rev.* 215-47,和5Holdsworth, *History of English Law*(1924)423-93。Wallace, Reporters(3d ed. 1855) 122-42,该书令人信服地维护了柯克作为

法律公布人的可靠性。

[5] Proclamations, 12 Co. 74, 76(1611).

[6] *Nicholas Fuller's Case*, 12 Co. 41(1608); *The Case of the King's Prerogative in Saltpetre*, 12 Co. (1607); *Case of Non Obstante, or Dispensing Power*, 12 Co. 18(c. 1607). 在 *Commissions of Enquiry*, 12 Co. 31 (1608),柯克在评论 *Bates, Case*[2 How. St. Tr. 371(1606)]时,坚持国王有权向外国商人征收报复性税金,有权强行征收善款。Exaction of Benevolence, 12 Co. 119, 120 (c. 1610)。亦可参见 2 *Co. Inst.* 63。现在,国王的特权绝对地服从于议会的立法权,当制定法以某种方式指导国王特权的行使时,国王就再没有"残余的特权"了。参见 Morgan, "Introduction",载 Robinson, *Public Authorities and Legal Liability* (1925),第 X Ⅳ 页。参见 Chitty, *Prerogatives of the Grown* (1820)第383页,这本书陈述了较早的观点。

[7] Proclamations, 12 Co. 74, 75(1611).

[8] *The Case of Commendams*, Hobart 140-66 (1616); Hicks, *Men and Books*(1921) 67-70.

[9] 8 Co. 107a(1610),2 Brownl. 225(1610).

[10] 8 Co. 118a(1610). 对这段"附论"的最佳评论,参见 McIlwain, *High Court of Parliament and its Supremacy*(1910)第4章,亦可参见 Plucknett, "Bonham's Case and Judicial Review" (1926) *Harv. L. Rev* 卷40,第30页以次。Coxe, *Judicial Power and Unconstitutional Legislation*(1893)第13—17章,也有一些不太重要的价值。埃尔斯米尔指责柯克仅获得一个法官的支持,而其他3个都反对他。这一指责看起来经不住柯克和布浪洛对该案报告的反驳。显然只有3个法官参与审理此案,且都同意柯克的意见。

[11] St. Germain, *Doctor and Student*(Muchall ed. 1787) 12-13. 波洛克认为,宗教改革前,普通法的圣哲们不愿意公开提及自然法,原因乃是对教会统治的疑忌。Pollock, *Expansion of the Common Law* (1904) 112-113. 但是福蒂斯丘却并没有表现出种不愿意。布赖斯注意到,耶尔弗顿和在爱德华四世统治时期任职的大法官斯蒂林顿曾提到过自然法。Bryce, *Studies in History and Jurisprudence* (1901) 601. 波洛克自己也说:"一

种渗透欧洲大陆所有政治思考的学说,且被反对帝国统治和教皇统治的斗士们假定为权威的共同基础,如果它居然在英国的学者们中间没有产生一丝的影响,那是不可信的。"Bryce,前引书亦可参见 Pollock,"History of the Law of Nature",载其 *Essays in the Law*(1922)第 157 页;Lowell, *Government of England*(1908)第 480—488 页。霍尔兹沃思在《英国法律史》(*History of England*)卷 4 的第 276、279—282 页和卷 5 的第 216 页中指出了 15、16 世纪衡平与自然法之间的密切关系。尽管衡平从来没有服务于高级法的目的,即约束王权和议会权力,但是,它可能有助于将自然法观念一直保留到 17 世纪以服务于这一目的。在 19 世纪,人们认为普通法的适应性是由于它以自然法为依据。参见亚历山大·汉密尔顿在 *People v. Croswell* [3 Johns. 337(N. Y. 1804)]案中的主张;还可参考 Barnard, *Discourse on the Life*, *Character*, *and Public Services of Ambrose Spencer*(1849)第 52 页。由此,通过永恒法渐次向法官们展现,那些在实际中适用的法律也就发生了变化。

[12] 7 Co. 1, 4b (1610).

[13] 7 Co. at 12a-12b. 培根在该案中的主张亦诉诸自然法。2 Bacon, *Works* (Montague ed. 1825)166, 176.

[14] 参见同上注,第 37 页,参阅 St. Germain, *Doctor and Student* 第 25—26 页。

[15] "事实上,它们是共同体大厦的主要支柱和支撑者。" 1 Co. *Inst.* 74. 他也提出这样的警告:"对这些普通法准则任何一条的改变都是极其危险的。"出处同前,第 210 页,亦可参见上引书,第 97 页。

[16] "Ne quis in sua causa judicet vel jus sibi dicat."(任何人不得审理涉及他自己的案子。)Code Ⅲ,5, 1; Woolf, *Bartolus* (1913) 159. 参阅 Bracton, *De Legibus et Consuetudinibus Angliae* (Twiss ed. 1854) f. 119; *Earl of Derby's Case*, 12 Co. 114 (1614); *Tumey v. Ohio*, 273 U. S. 510 (1926); 还有后注[35]和[37]所引之案件。

[17] 我采用了 Broom, *Legal Maxims* (5th. Am. ed. 1870) 比 Broom 更早的尚有温盖特和诺伊编的集子。

[18] Broom, *Legal Maxims* 34-35. "Nova constitutio futuris

formam imponere debet, non praeteritis."参阅"Leges et constitutiones futuris certum est dare formam negotiis, non ad facta praeterita revocari; nisi nominatim etiam de praeterito tempore adhuc pendentibus negotiis cautum sit."Code Ⅰ, 14, 7. 从这一形式,即最初的形式来看,没有任何关于限制立法权的暗示。

[19] "Nemo debet bis puniri pro uno delicto... Deus non agit bis in idipsum."*Bonham's Case*, 8 Co. 114 (1610); 亦可参见 *Wetherel v. Darly*, 4 Co. 40 (1583); *Hudson v. Lee*, 4 Co. 43 (1589), 和 Broom, *Legal Maxims*, 第 347 页。

[20] *Semayne's Case*, 5 Co. 91 (1605); Broom, *Legal Maxims* 321: "Domus sua cuique est tutissimum refugium." 参见"Nemo de domo sua extrahi debeto"。Dig. I. 17, 103.

[21] *Aldred's Case*, 9 Co. 57, 59 (1611); Broom, *Legal Maxims* 274. 在这些地方,这一准则纯粹被看做是私人行为的规则。

[22] 2 Co. *Inst.* 597; Broom, *Legal Maxims* 665,在此,它被表述为代理法的一个原则。

[23] 例如 Broom, *Legal Maxims* 650, 682。

[24] "一项议会的法令,……(作为意志)应依照其制定者的意图来予以阐述。"8 Co. 114, 119 (1610). 据说这涉及法院对法令的某些条款的比较。参阅 Bl. *Comm.* 卷1,第91页:"如果从普通语义中发现一些附属含义,而这些含义又碰巧不合理,法官们就会理直气壮地得出这样的结论:议会并没有预想过这样的后果。"

[25] McIlwain, *Hight Court of Parliament*, 第286页以次。

[26] Plucknett,前注[10],亦见前注[11]。

[27] 1 Co. *Inst.* 81;前书,卷2,第51页;前书,卷3,第111页。Proclamations, 12 Co. 74, 76(1611); Ehrlich, *Proceedings Against the Crown* (6 Oxford Studies in Leg. and Soc. Hist. 1921) 114. 1341年,大法官柯克和其他法官们抗议道,"在某些制定法与他们宣誓遵守的王国法律和习惯相矛盾的情况下,他们不会遵守它们(制定法)"。出处同前,第115页。换句话说,仅制定法本身还并不必然是王国的法律。参阅 Proclamations,

12 Co. 74,76(1611). 法官们将"无效"一词适用于制定法的最早记录好像出现在 the Annuity Case 中,载 Fitzherbert, *Abridgment* [Pasch. 27Hen,Ⅵ(1450)],该案是柯克为支持他在博纳姆案中的"附论"而引证的先例之一。但是在这一点上,柯克本人似乎也无法确定该案真正的重要性。Coxe,前注[10]引书,第153—160页。

[28] 12 Co. 18(c. 1607).

[29] 7 Co. 1a,14a(1609).

[30] McIlwain,前注[10]引书,第293—294页,引用 Moore 828(1663)。

[31] 2 Brownl. 192,198(1612). 他又说:"成文法规……更正、删节和阐说普通法。"另外请注意他在 *Bonham's Case* 中对所引用的先例进行阐述时,在其"谦逊而直接的回答"中的表述:"而且,由于这与共同权利和理性相悖,普通法裁定议会颁布的法令在这方面归于无效。"(着重号为本人所加)2Bacon, *Works* 506.

[32] 2 Co. *Inst.* 497-498. 还有一段更明确的表述出现于

前书,卷4,第37页中,参阅Bl. *Comm.* 卷1,第91页。亦可参见 Co. *Inst.* 272（a）（b）；出处同前360（a）,381（b）；前书,卷2,第148、301页；参阅Bacon, *Abridgment* (6th ed. 1807)卷6,第383、635、643页。但是,我没有见到柯克在《英国法总论》中的任何地方说过,一项制定法会因它与"共同权利和理性"的某种关系而无效。尽管他确实说过与《大宪章》相悖的制定法无效,而且他说:"议会法令中的词语必须从合法的、正确的意义上来理解。"1 Co. *Inst.* 381（b）. 亦可参见Coxe,前注[10]引书,第154—155页。

[33] Hobart 85(1614).

[34] 同上注,87a—87b。

[35] 5 How. St. Tr. 365 (1653).

[36] 同上注,第386页。与此同时,芬奇大法官在其《法律论》(1636)一书中教条式地主张对议会权力进行法律限制,这已超越了柯克在博纳姆案中的主张。"所以,实证法只要与前者(理性法)直接矛盾,就失去了法律效力,就根本不是法律,就像那些与自然法相悖的法律一样。"Finch, *Law* (1636),卷1,第

6章,转引自 Pound, "Common Law and Legislation"(1908) 21 *Harv. L. Rev.* 391-392。在 *the Ship-Money Case* 中,芬奇大法官倡导类似的信条来支持王权,"议会的任何法令不得阻碍国王行使其王权。……所以,凡剥夺国王维护王国之权力的议会法令都是无效的"。参见 Maitland, *Constitutional History* (1909)第299页。

[37] 12 Mod. 678 (1701).

[38] 同上注,第687页。

[39] Coxe,前注[10]引书,第176—178页和第25章。

[40] 2 Hansard, *Parliamentary History*(1628) 262-366.

[41] 同上注,第335页。

[42] 同上注,第356—357页。

[43] 同上注。

[44] 这出现在萨金特·阿什利主张"神圣权利"的表述中。出处同上,第317页。"这位绅士所倡导的学说看起来竟如此违宪,以至于他被关押了起来。"出处同上,第328—329页。查默斯在其《政治学年鉴》中注意到,"违宪"一词于1691年在

新英格兰适用到某些议会法令中。1 *New York Historical Society Collections*(1868) 81.

[45] 1 Co. *Inst.* 81; 2 Hansard, *Parliamentary History* 327. 亦见 Co. *Inst* 卷2,第57页。

[46] 同上注,卷1,第36、81页。

[47] 见前注[27];亦见 Bacon, *Abridgment*(6th ed. 1807)卷4,第638页。

[48] 2 Co. *Inst.* 45.

[49] 同上注,第2—77页,这里提供了对宪章的总评述。

[50] 同上注,卷4,第36页。

[51] 1 Bl. *Comm.* 160-161.

[52] McIlwain, *High Court of Parliament* 第141页以次;出处同前,注释312;2 Co. *Inst.* 497-498;2 Hansard, *Parliamentary History* 211-212;Pease, *The Leveller Movement*(1916)43-45。"议会通过宣布法律而进行的这两个审判,没有人能对它说三道四。"参见 Argument in Calvin's Case,载 Bacon, *Works*, 卷2,第179页。

[53] 4 Co. *Inst.* 36.

[54] 同上注,卷 2,第 626 页;2 Hansard, *Parliamentary History* 246。有关将议会与钟表和大象进行的有趣比较,参见 Co. *Inst.* 卷 4,第 2—3 页。

第四节

每一个时代都有它自己特有的思想范畴,这已成了老生常谈了。这一时代的思考总是借助于一种特定的语汇,通过这种语汇,这个时代的人才被人们理解。而这个时代的人也必须采用这些语汇,然后使其适用于他们各自的目的。今天,知识话语倾向于被纳入进化论假说的模式之中。在 17、18 世纪,自然法学说以其不同的推论方式,给人们提供了理论思辨的基本假说。对此可以用许多不同的理由予以解释,不过我们的兴趣自然集中在那些尤其在英国发挥作用的理由上。

自然法学说在 17、18 世纪的显赫声望应特别归功于格劳秀斯和牛顿两个人的努力。格劳秀斯将各国的法律建立在自然法的基础之上,以此作为屏障,来抵制世界范围内盛行的无政府状态。由此,他赋予自然法一个全新的基础和一种它以前从来不可能炫耀的直接适用性。但更为重要的是,格劳秀斯恢复了西塞罗的自然法思想,这一努力一举把整个中世纪淤积下来的神学含义从自然法概念中清除出去,同时还使自然法完全摆脱了对教会与教皇的依赖。自然法再一次被定义为正确理性,描述为既是上帝的法律,也是给上帝设定的法律。格劳秀斯声称,上帝自己也不会使二加二不等于四;即使没有上帝、或者上帝对人类事务缺乏兴趣,它的理性本质也不会不指导人类。[1]就是在这个时候,牛顿出现了。[2]虽然现代科学是在与法学不同、甚至对立的含义上使用"自然法"一词的*,但在牛顿的发现中、演绎绝对地优越于观察,这从一开始就掩盖了这种对立。牛顿证明了将苹果吸引到地面的力和使行星沿其轨道运行的力是同一种东西,这一证明激发起那一时代的人们将宇宙设想为这样一幅图画:整个宇宙弥漫着同样的理性,它不仅在人身上闪现出来,而且人类通过探索可以理解它的任何部分。这样,"在规律中隐蔽的"(lapt in law)宇宙和人类思维之间的所有屏障就被彻底摧毁了。深不可测的神变成了可理解的自然。在此基础上产生了英国的自然神论,它被诙谐地描述为"神化了自然界并剥夺了上帝的本质属性"。[3]自然的一部分便是人性及其制度。以牛顿的成就做后盾,人们信心百倍地开始

---

* 即剥离了"自然法"一词的道德含义,在客观的实验科学意义上使用之,因此通常称之为"自然律"(natural law)。——译者注

系统阐述社会和政治关系固有的正义规则和合理规则。整个体系的精心建构旨在从几个公认的前提出发,以欧几里得般的精确性,推演出人类全部的道德义务和法律义务。[4]正是由于这种体系最终名誉扫地,才揭示出"自然法"一词的两种不同的用法,我们今天已意识到或者应当意识到这两种不同的用法。[5]

因此,复活了的西塞罗自然法观经牛顿科学的拓展和深化之后,提供了具有可信性的一般背景,当时自然法的政治应用就不得不依赖这种背景。不过,这些政治应用同时也产生了对某些新因素的需求——也就是说,这些因素现在所呈现出的组合方式是"新的"。因为在考察理论概念时,"新的"这一术语是否可以在完全恰当的意义上来采用,这还是个问题。旧的制度分崩离析,而新的制度又从这破碎的废墟上聚集而生。任何重大事件的转折都会产生一些全新的思想火花,总会提倡某一些思想而压制另一些思想;但是,其内容如同万花筒一般,无论千变万化,却总是由完全相同的东西组成的。16、17和18世纪的政治思考为这一现象提供了最好的证明。这些思考极大地促成了当时存在的权威基础的崩溃,促成了将权威建立在一个全新的基础之上。然而,这些思考所涉及的具体观点大多数并不是新颖的。不少观点至少在萌芽之初,可以在古代的著作中找到相同的内容,在宗教改革之前,几乎所有的这些观点都以不同的清晰程度阐述过。

将自然法思想传送到美国宪法理论中的是洛克的那本优秀著作《政府论》(下篇)——尽管它绝不是这方面唯一的著作。这本书是作为光荣革命的辩护于1690年出版的。洛克论述自然法的突出特点在于,自然法概念经过他处理之后,几乎完全融入个人的自然权利之中;或者——用洛克从斯图亚特王朝的拥护者和议会党人的辩论中借用来的术语来讲——融入"生命、自由和财产"权利中。[6]洛克据以实现这种转型的融通媒介就是以自然状态观作为推论基础的社会契约论。确实,毫不夸张地说,在洛克那里,唯一保留下来的、原初的西塞罗自然法概念就是主张社会契约得到了自然法的认可,而在有的时候,他甚至连这一点也弃而不用。因此,探讨一下洛克强烈关注的这些权利从何而来,以及他选择表述这些权利的方式从何而来,是再有意思不过的了。

最近,有人努力尝试将洛克的理论体系追溯到加尔文的理论前提[7];然则,如果这是指洛克政治理论的主要特征可溯源于加尔文本人,那么这篇论文的分量就大大减轻了。加尔文对社会契约一无所知——他将世俗权威建立在神权的基础上。他根本不是革命的辩护者,他从总体上宣扬的是不抵抗学说。在他的文章里尤为强调的是上帝主权说,这与洛克的论述没有丝毫相似之处;而且加尔文那种带有非民主含义的上帝选民理论与洛克的乐观主义是截然对立的。[8]将塞尔维特烧死在火刑柱上的日内瓦神权政治的建立者与《宽容书简》的作者几乎没有任何共同之处。

显然,一些重要的区别被忽略了。虽然整个新教运动由于特别强调信教者个人的教士身份而浸润着个人主义的意蕴,但是,这些意蕴只有从中世纪思想中解脱出来,才有可能成为有效的政治表述,而加尔文派的首要倾向似乎从一开始就是恢复中世纪思想。[9]幸运的是,就加尔文派在政治思想上的最终声望而言,它常常处于受迫害的宗教少数派的地位。他的信奉者被迫使要么采纳加尔文自己的不抵抗学说,要么发展出一套支持抵抗的政治理论。他们中有许多人采取了后一条路线。那就是说,由于加尔文派的现实境遇,使得某些加尔文派的信徒发展出政治自由的学说。就此而言,同时代的某些天主教作家也有类似的情形。[10]正如费格斯神父所指出的那样,"政治自由是教会敌视态度的剩余遗产继承者"。[11]

但这并不是贬低这些先驱们对洛克的影响,事实上,这种影响是相当大的。原因在于他们连结起了被马基雅维里和布丹(更不必说路德和加尔文)所切断的中世纪晚期政治思想的线索,从而既恢复了作为罗马法律和制度之基础的人民主权原理,而且用从成熟的关于私人契约的罗马法中改造而来的原则补充了这些原理。[12]然而,尽管我们承认这一事实,不可否认的是,洛克的理论体系与上文所提到的作家们的联系仍然是间接的,而且洛克和他们是通过他们所遗留下来的、悬而未决的一个问题,而不是他们想要回答的那些问题联系起来的。16世纪自由主义的主张在很大程度上依赖于统治者与被统治者、统治者与人民之间初始契约的观念。[13]由此不可避免地产生这样的问题:谁是"人民"?他们如何成为一个有能力签订契约的实体?

洛克自己对这些问题的回答源于三个方面。其首要源泉是由福蒂斯丘和柯克所阐述的英国法律传统,这一传统的全部重点一直是强调个人的权利,而非作为群体来考虑的人民的权利。[14]其实,议会对人民的权利也作了足够的规定。第二个源泉是英国的独立派运动,这一运动是路德的个人教士身份学说的直接产物。因为在一个宗教、政治冲突如此紧密地纠缠在一起的时代——就像17世纪的英国那样——一个领域中发展出来的思想很容易、而且不可避免地传播到另一个领域。最后,洛克本人可能是受惠于格劳秀斯和普芬道夫、并由此最终受惠于西塞罗的第一人[15],尽管他引用"精明审慎的胡克"(一个复活的西塞罗自然法思想的更早倡导者)的文字远远超过他引用其他任何作家的文字。第一个源泉和第三个源泉只需要列出来就够了,而第二个源泉还须加以进一步的论述。

独立派中的极端派别(称为平均派)的领导人为约翰·利尔本,他是一位名副其实的穷光蛋。在他的著作中,他并不像他的那位令人尊敬的后继者(洛克)那样关注"财产权",而是要求实现良心自由和言论自由的

"自然权利"以及政治平等权[16]——即使被囚于深深的地牢中,他似乎从来也不缺少笔墨来描述这些要求。独立派运动的政治杰作(*chef d'oeuvre*)就是著名的《人民协议》(1647年),它是具体实现社会契约原则的一次积极的尝试。[17]

在美国,独立派运动与社会契约哲学的亲缘关系一直可以追溯到更早期的英国清教徒在普利茅斯创立的移民基地。这次移民远征包括约翰·鲁宾逊率领的斯克罗比的全部教徒。当时的评论家对这件事是如此评述的:"难道我们不知道鲁宾逊的教会是怎样创始的吗?他们是这样说的,有第一个人站起来订立了契约,紧接着另一个人也如此,这两个人结合在一起,第三个人也如此,于是这些人就变成了教会。"[18]这种程序在上帝的认可下已有效地创立了一个教会,它也可用来依照上帝的认可创立一个政治共同体,就像著名的《五月花盟约》所显示的那样:

> 以上帝的名义,阿门。吾等(其名字列在后面),敬畏的陛下詹姆士王的忠实臣民们……谨在上帝的面前,彼此庄严地订立本盟约,结成国家,以便更好地建立秩序,维护和平……并随时按照最适宜于殖民地普遍福利之观点,制定正义平等之法律、条例、法令、宪法,并选派官吏实施之。对此,吾等誓当信守不渝。[19]

这样,在洛克的《政府论》(下篇)发表的两代人之前就有人构想出社会契约,并以此在今天属于美国的土地上建立起另一个永恒的政府。只不过在洛克那里,权威的终极依据是由自然法提供的,而在这里,权威的终极依据是由上帝提供的,我们在此应该看到,18世纪的自然神论是如何使得这两种见解融洽相处的。

经过一代人之后,尽管仍然在《政府论》出现的一代人之前,我们发现另一个独立派教徒,康涅狄格的托马斯·胡克,提出契约理论以解释所有的人类联合体:

> 凡精神之团体(或教会团体),其存在皆系于精神之联合……若非本人愿意,不得强迫任何人加入如是之联合;凡自愿加入者,必甘受制于该团体每一成员之约束,以增进全体之福利,否则,非该团体之成员也。[20]

尽管胡克此处说的是"教会团体",但是《康涅狄格基本条令》(1639年)却体现了胡克的这一思想在政治上的应用,正是根据这一条令,三镇*的居民将他们自己"团结联合""成为一个公国或政治共同体"。[21]当然,这并不是《基本条令》的唯一重要性,它和10年之后的《人民协约》一起,显示出一种要将政府制度建立在一纸文件基础之上的、强大的、不可避免的必然性,凡是持社会契约论的人皆已感受到这种必然性。

在专门讨论《政府论》(下篇)之前,还必须提到洛

---

* 指温沙、哈特福德和韦塞尔斯费尔德三镇。——译者注

克的另一位前辈,即《利维坦》的作者托马斯·霍布斯。人们一般只对比他们两人的不同之处,但他们在许多地方是共同的。就他们和美国宪政理论的关系而言,他们的贡献常常是互补的,而不是矛盾的。如果说洛克与柯克同是美国以宪法限制权力这一思想的创始人,那么霍布斯对人民福利(*salus populi*)的强调无疑可以看做是现代警察权力说的前驱,而且他还明确地预示了这样的法律趋势:即使在宪政国家,当危急状态威胁到公共秩序时,也要倚重于警察力量。霍布斯的理论起点和洛克的一样,主张彻底的个人主义,而且他和洛克一样,将个人实现自身利益作为其理论的宗旨。霍布斯和洛克都同意可以不要政府的契约。但是,对于霍布斯而言,拥有主权的立法机关是社会契约的直接产物,而对于洛克而言,则是指共同的大多数人,进而由他们来决定政体。

霍布斯和洛克的分野在于他们对自然状态的不同看法,即对还没有受制于政治约束的人性的不同看法。

霍布斯将自然状态描绘为"暴力与欺诈"的世界,其中"每个人对每个人皆是狼"[22],大概是由于这位胆小谨慎者已经目睹了当时的残酷现实。洛克可能属于更为大胆的那一类人,不管怎么说,他写作的环境更为安宁、幸福,他将自然状态描绘为大体上"和平、善意、互助和安全"的时代,其中"自由的、主权的"个人已经享有全部有价值的权利,尽管由于"行政权"的缺陷,他无法完美地享用这些权利,或者无法精确地认定这些权利和他的同伴的类似权利之间的关系。[23]这些不同看法导致了霍布斯和洛克在其他观点上的所有不同。对于霍布斯而言,政府的解体在本质上就是社会的解体;对于洛克而言,则并非如此,因为社会先于政府而存在。[24]对于霍布斯而言,自然法和市民法具有相同的外延,也就是说"国家一旦建立,它们(自然法)在实际上就变成了法律,在此之前则并非如此"[25];对于洛克而言,自然法在一开始就类似于实证法,即使在政府建立之后,对自然法的通行解释仍然是市民法有效性的终极标准。因此,霍布斯就成了实证法学派的创始人,这或多或少不是他的本意。该学派将所有的权利皆归因于政府的设定,并将这些权利仅仅看做是实现公共政策的途径。相反,洛克认为政府不能创设任何权利,严格地讲,它在性质上属于受委托者,政府的建立旨在使权利的实现更为安全可靠且方便易行,这些权利不仅先于政府,而且在政府建立之后依然存在。

《政府论》(下篇)的两个特点对美国宪法产生了明显的影响,即它给立法权设定界限和对财产权的特别强调。在洛克看来,立法机关是国家的最高机关,洛克在许多地方正是依赖这一至上权威来保护个人的权利。然而,基于这一原因,立法权至上是在法律范围内的至上,而不是高于法律的一种权力。事实上,除了论及自然状态下"自由的、主权的"个人之外,洛克从来不在描述的意义上使用"主权"这一术语。洛克明确而详尽地将立法权的界限规定如下[25]：首先，立法权不是专断任意的权力。即使是那些决定政体的大多数人也不能赋予其代理机关以专断权力，因为多数人的权利本身导源于自由的主权个人的委托，而这些个人在"自然状态中没有任意支配他人的生命、自由和财产的专断权力"，甚至没有任意支配他们自己的生命、自由和财产的专断权力。通过这种对"专断权力"的警告，洛克无疑预示了现代的法律之正当程序这一内容宽泛的概念。

"第二，立法机关——不能大权独揽，以临时的专断命令来行使统治，而必须依据颁布的、长期有效的法律来统治，并由资深法官来执行司法和判定臣民的权利。"它不会因为特殊情况而变更法律，而是不问贫富、不论贵贱以一法而治。在这一段富有想象力的话中，洛克预见到了美国宪法的一些最基本主张：法律必须是一般的；它必须平等地保护所有的人；它没有溯及既往的效力；它必须通过法院来实施——立法权与司法权相分离。

第三,也是由于其受委托的身份,立法机关"不能把制定法律的权力转让给任何其他人;因为既然它只是一种得自人民的委托权力,享有这种权力的人就不能把它让给他人"。简而言之,立法权不能转委托。

最后,立法权并非国家的终极权力,因为"社会始终保留着一种最高权力,以保卫自己不受任何团体(即使是它们的立法者)的攻击和谋算,有时立法者可能竟愚蠢或恶毒到对臣民的自由和财产有所图谋,并实施这些图谋"。所以,尽管通常由立法的最高权力来确认人们的各种权利,但是这并非最终的认可,反抗詹姆士二世时行使的权力,在同样的情况下,也可以用来反抗议会本身。[26]

洛克对财产权的偏爱突出地表现在《政府论》(下篇)的第5章中。他用劳动价值论为占有财产的不平等做辩护,并努力证明这种不平等合乎社会契约。他的推理过程如下:所有价值,或近乎所有价值,皆源于劳动;由于勤劳的程度不同,所以就会产生占有财产的不同。但是,在早期的时代里,大多数财产皆易于腐烂灭失,由此就产生了财富积累的自然限度,即一个人蓄藏的财产仅仅是他能利用的那一部分,因为超过这一部分就是对大自然慷慨赠予的浪费。不过,洛克谨慎地指出:"超出正当占有的财产"并不"在于他拥有财产的数量多,而在于财产的腐烂使其归于无用"。由此,当人类为了使易腐烂的商品可以交易,而将价值赋予金、银和其他不易腐烂但本身无价值的东西时,交换就成为可能。因此,就像经过深思熟虑的一致同意,不平等的占有就得到了认可,后来的社会契约也就不能破坏这种约定。[27]

所以,当洛克将自然法改变为人的权利之后,紧接着又将人的权利改变为所有权。而最终的结局是将国家建立在多数统治和保护财产安全这两个平衡且对立的概念之上。由于劳动价值论这一概念并非像一开始所考虑的那样似乎仅仅是静态的。一个世纪之后,亚当·斯密采纳了洛克的劳动价值理论,使之成为自由放任(*Laissez faire*)学说的基石。因此,这一理论有助于使原来被视为维护安适悠闲的土地贵族之利益的政治理论,能够为一个蓬勃进取的工业财阀所利用。同理,它也有助于使一个为富足、文明社会所构想的理论,适用于生存条件刚好与此相反的、新建立的不发达国家。在一个集中精力致力于征服自然、而远不能强烈地激发起艺术和智识成就之开发的社会里,衡量成功的指标必然是物质财富的积累,而且事实上,物质财富的积累才真正代表着对社会的贡献。更进一步讲,依据类似的理由,这在某种程度上亦可以解释,为什么加尔文主义盛行的新英格兰很早就对洛克的理性主义情有独钟。加尔文主义的核心支柱是上帝选民的教义,毋庸讳言,所有信奉这一教义的人都相信他们是上帝的选民。但是,除了物质财富上的成功外,还有什么能更好地、更客观地作为选民资格的证据呢?顺便指出,洛克本人正是勤勉和节俭这一准则的著名倡导者。[28]

71　　洛克的思想还有另外两个特色值得简单地加以评述。首先是他坚持认为"公共福利"是立法和政府一般行为的目标。我们不应认为这与他的主流思想有任何抵触。恰恰相反,他在这里给立法活动的自由设定了另一种限制。[29]但是,洛克从来没有想到过,公共福利也许并非总是与权利的保护、尤其是与财产权的保护和谐一致。一个世纪之后,亚当·斯密确实想到了这种可能性,并用"利益一致"的理论将这一问题搁置在一边。同样,考虑到他写作的直接原因和他的"立宪主义",对洛克给行政特权所规定的范围,就一点也用不着惊奇了。关于这一点,洛克写道:

> 在立法权和执行权截然分离的场合(一切中庸的君主国家和组织良好的政府中莫不如此),为了社会的福利,有些事情应当交由掌握

执行权的人来自由裁处。因为,立法者既然不能预见、并以法律规定一切有利于社会的事情,那么拥有执行权的法律执行者,在国内法没有作出规定的许多场合,便可根据一般的自然法,有权利用它来为社会谋福利,直至立法机关能够方便地召集会议加以规定为止。有许多事情非法律所能规定,这些事情必须交由握有执行权的人自由裁量,由他根据公共福利和利益的要求来处理。其实,在某种场合,法律本身应该让位于执行权,或者不如说让位于这一自然和政府的根本法,也就是说,应当尽可能地保护社会的所有成员。[30]

通过更宽泛地理解行政权来摆脱过分严苛的立宪主义的束缚,美国宪法及其理论对于这种策略绝非一无所知。

洛克的贡献如果与柯克的贡献联系在一起,便可得到最公正的评价。洛克的自然法观不仅将柯克关于英国宪法的见解从地方性的小圈子里解放出来,并用那个时代的普遍性语言予以重新表述,而且它在许多重要的方面补充了柯克的理论。柯克努力使普通法历史上形成的程序,成为约束权力、特别是英国王权的永久手段,而洛克给立法权施加的限制,更看重于保护个人权利——这些权利无论在何时何地皆已潜含于社会的基本秩序之中。尽管柯克使基本法的观念摆脱了那些迟早一定会证明是一些含糊不清的概念,但为此他不得不采用拟古的方法。相反,洛克在很大程度上扔掉了借助历史的推理方法,直接进入一些更大的问题,美国宪法直至其晚近的成熟期,才得以解决这些问题。如果没有洛克的或某些类似的思想背景,司法审查制度早在1890年就一定已委顿停滞了,而今天它是宪法领域里最具有活力的制度;当然,也不能忘了洛克对财产权的强调。洛克的不足之处在于制度方面。尽管他对司法审查制的学说做出了贡献,但这并非他的本意;同时,他也没有洞察到使他所详尽阐述的宪法原则采用强制性成文方式的重要性。相比之下,那位强硬不屈的柯克倒更有先见之明,尽管他的著作写于内战之前,而不是内战之后。[31]

注　释

［1］1 Grotius, *De Jure Belli ac Pacis* 1, 5, 10; Grotius, *Prolegomena* (Whewell ed. 1853) 11. 冯·祁克发现了一位格劳秀斯的德国先驱,这就是加布里埃尔·比伊尔,比伊尔于1495年写道:"Nam si per impossibile Deus non esset, qui est ratio divina, aut ratio illa divina esset errans: adhuc si quis ageret contra rectam rationem angelicam vel humanam aut aliam aliquam si qua esset: peccaret."Gierke, *Althusius*(Zur. deutschen Staats u. Rechts Geschichte 1879—1880)第74页,注释45。与这一问题相关的是中世纪关于自然法(*jus naturale*)是神圣意志(*voluntas*)还是神圣理性(*ratio*),以及上帝是法的制定者还是通过理性教导人们的导师的争论。Grotius, *Prolegomena*,第73页,注释44。

［2］参见 Becker, *The Declaration of Independence* (1922)第40—53页。

［3］同上注,第51页。"在18世纪,人们认为只有通过上

帝的创造物才能认识上帝,而上帝的创造物本身被构想为是普遍和谐的,物质和精神仅是其两个不同方面。"出处同上,第52—53页。爱迪生著名的《赞美诗》精妙地表达了这种自然神论的宇宙观。但是,正是教皇才使历史上的自然神论哲学凝缩为这样一句话:"凡是存在,皆为合理。"*Essay on Man*(1732) Ep. Ⅰ, 1. 294. 自然神论的神学经典为巴特勒的《论类比》,该文中将基督教描述为"用新的观点……来传播自然法……使其适应人类的需要"。1 Butler, *Works* (Gladstone, ed. 1897) 162. 另外注意巴特勒的这样一个观点:"神迹绝不能与普通的自然事件相比……而只能与超常的自然现象类比。"出处同前,第181页。自然神论后来最极端的代表,如伏尔泰和杰斐逊,对神迹嗤之以鼻,因此被人称为"无神论者"和"异教徒"。

[4] 参见 Dickinson, *Administrative Justice and Supremacy of Law* (1927) 第115—118页中那个有趣的注释。亦可参见该作者关于多马的论述,Dickinson, 前引书, 注释125。普芬道夫不同意格劳秀斯的这一观点:"伦理学中的确定性与数学中的确定性是不一样的。"1 Pufendorf, *Law of Nature and Nations*(Spa-

van ed. 1716) 2, 9. "非宗教知识的原则完全是从自然法中推导出来的。" Wise, *Vindication of the Government of New England Churches* (1860) 45.

[5] 最近一些年,在"可见的现象秩序"这个意义上的自然法已将早期的理性主义的观念逼入绝境,并因此有助于这样一种思想获胜,即人类和政府的法律仅仅表达了以暴力为后盾的意志。19世纪对下述思想并不陌生,即人类行为的某些因素顽固地抵制着有利于人类的政治控制;通常只有这些因素才被描述为具有非理性的本性,而且这些因素没有产生人类正义的必然趋向。萨维尼对习惯的神化就是求助于这种次理性型或科学型的自然法。古典经济学家关于"政治经济学法则"充满信心的宣言也同样如此。还有赫伯特·斯宾塞关于政府干预的适当范围的富有特色的鼓吹也是如此。在此他用一种完全恬不知耻的非逻辑,将一种自发的工业有机体观与复活了的自然权利论拼接起来。狄骥教授可能也想使我们将他的"社会团结"看做是科学的依据。事实上,所有这些理论只不过是努力迫使科学服务于形形色色的乌托邦而已。例如,狄骥教授的理

论不过是头足倒置的洛克学说——不用问也知道这是20世纪特定环境所要求的新花样而已。

[6] 2 Dunning, *History of Political Theories*（1923）222, 346n. "法律保护三样东西：生命、自由和财富,这难道不是共同的原则吗？……这是因为我们的法律基于自然法,而这三样东西皆源于自然法……" Bacon, "Arguement in Calvin's Case", 载 Bacon, *Works*：卷2,第176页。亦参见 Hale, *History of the Common Law*（1779）第13节："论人民或臣民的权利",在此,他认为臣民权利是依照其"生命、自由和财产"来保护的。

[7] Foster, "International Calvinism through John Locke and the Revolution of 1688"（1927）32 *Am. Hist. Rev.* 475.

[8] Dunning,前注[6]引书,卷2,第26页以次；2 MacKinnon, *History of Modern Liberty*（1906）147-153. "但是,正是加尔文的门徒,而非加尔文本人,倡导了抵抗理论。加尔文的态度比起路德的更具有权威主义色彩,路德的不宽容仅仅是狂热信徒的不宽容,而加尔文的不宽容却是强有力的统治者的不宽容,他讨厌通往一致性体系之路上的任何障碍。加尔文的偏执

是一种律师或审问官的偏执,而路德的偏执仅是鼓吹者和小学生的偏执。" Figgis, *Gerson to Grotius*(1916) 138. 加尔文派"肯定不赞成个人自由;但是它在理论上反对世俗权力的干涉,甚至以它自己的方式来反对君权。因此,尽管加尔文主义本身不赞成个人自由,但加尔文主义在法国、荷兰和苏格兰,或者在思想领域,或者在实践领域,都成为现代自由权的基础"。出处同前,第155—156页。加尔文以理论的方式为自由权所作的主要贡献,在于使"主权"离开人间而转入天国。这就有助于一旦废黜神权政治者之后,为人民主权扫清场地。耶稣会也从不同的前提出发,通过强调政治权威的世俗特性而做出了类似的贡献。

[9] Figgis,前注[8]引书,第21—22页。

[10] 2 Dunning,前注[6]引书,第67页以次,还有第4章。

[11] Figgis,前注[8]引书,第118页。

[12] Dunning,前注[6]引书,卷2,第2章。Gooch, *English Democratic Ideas in the Seventeenth Century* (1898)导言和第1章。有关中世纪后期的人民主权学说,参见 Gierke, *Althusius* 第69页及注释36。Gierke, *Political Theories of the Middle Ages* (Mait-

land tr. 1922）37-40；Figgis,前注［8］引书,第2章。

［13］Dunning,前注［6］引书,卷2,第79页。

［14］关于福蒂斯丘对洛克学说的预见,参见本书边码第37页。

［15］"当一位年轻的绅士很好地消化了 *Tully's Offices* 一书及 *Puffendorff de Officio Hominis & Civis* 一书时,就应当让他研读 *Grotius de Jure Belli & Pacis*,或者 *Puffendorff de Jure naturali & Gentium*——后者在两本书中也许更好些。从中他可以学到天赋人权和由此而来的社会和义务的起源和基础……" 3 Locke, *Works*（1823）84,引自 Fortescue, *De Laudibus Legum Angliae* (Gregor ed. 1775),导言,第ⅩⅩ页。

［16］Dunning,前注［6］引书,卷2,第234页以次；Gooch,前注［6］引书,第141—146、200—203、253—256页；Pease, *The Leveller Movement*（1916）散见全书。

［17］Dunning,前注［6］引书,卷2,第238页。该公约于1648年进行了一次大修订,1649年又进行了一次。

［18］Davis, *John Robinson*（1903）48.

[19] MacDonald, *Documentary Source Book of American History*(1920) 19.

[20] Walker, *Life of Thomas Hooker* (1891) 124-125. 感谢我的朋友 W. S. 卡朋特教授,是他给我指出了这本书和注释[18]中的参考书。

[21] MacDonald,前注[19]引书,第36—39页。

[22] Hobbes, *Leviathan* (1651)第13章。

[23] Locke, *Second Treatise on Civil Government* (*Everyman's ed.* 1924)第2章,118节。

[24] Hobbes, *Leviathan* 第26章。"对每一个臣民而言,'市民法'就是国家以语言、文字或其他足以表达意志的符号来命令他用以区别是非的规则,也就是说,用以区别哪些事情与规则相冲突,哪些事情与规则不冲突。"出处同前,第26章。尽管给"权利"如此下定义,霍布斯为了将国家建立在契约之上,仍然声称"一旦契约已订立,那么违背它就是'不公正的'。'不正义'的定义不过是'不履行契约'而已"。出处同前,第15章。洛克也没有摆脱另一种类型的矛盾。《政府论》(下篇)所依赖

的观念并非源于经验,而他的《人类理解论》却正是要使这样的观念丧失信誉。1 Stephen, *Horae Sabbaticae*(1892)150,转引自卡朋特为《政府论》写的导言,Locke,前注[23]引书,第ⅩⅥⅠ页。

[25] "Of the Extent of the Legislative Power",载 Locke,前注[23]引书,第11章,第183节以次。

[26] Locke,前注[23]引书,第19章,第224节。

[27] "Of Property",出处同上,第5章,第129节。洛克在不同的精确度上使用"财产"一词。在第5章中,他将具有可交换价值的物品视为财产;在第7章,他用财产一词涵盖"生命、自由和财物"。在《宽容书简》中,他说国家的存在就是为了促进"公民利益",而"我所谓的公民利益指生命、自由、身体的不可侵犯性和拥有诸如金钱、土地、房屋、家具之类的身外之物"。2 Locke, *Works* (1823) 239,引自 Laski, *Grammar of Politics* (1925)第181页。

[28] Carey, *Harmony of Interests, Agricultural, Manufacturing and Commercial* (1872). 亨利·C. 凯里试图将斯密的理论

运用到美国的特定条件下来支持一种保护性关税。

[29] Foster,前注[7],第486页。亦参见 Robinson, *Case of Louis the Eleventh and Other Essays*（1928）；Weber, *Protestantische Ethik u. der "Geist" des Kapitalismus*（1904）30 *Archiv für Sozial-wissenschaft u. Soxial Politik* 1-54；同前,卷21（1905）第1—110页；Sombart, *Quintessence of Capitalism*（1915）257-262；和 Tawney, "Puritanism and Capitalism"（1926）46 *New Republic* 348。清教主义已被描述为"中产阶级优秀品质的宗教升华"这并没有什么不妥当的地方。清教徒对美色和娱乐享受的憎厌必然导致集中精力投身于赚钱的行当；清教徒认为他们是"上帝的选民"这一信念也产生了同样的效果。因为这一信念使他们把注意力转向《旧约》,《旧约》里反复阐述了财富是道德价值的证据这思想,在《新约》里也不乏同样的思想。试比较其中有关聪明人的寓言,Matthew ⅩⅩⅤ29；还有 Romans Ⅻ 11；尤其参见取自 Baxter, *Christian Directory* 中的经文,引自 Robinson,本注前引。

[30]"它们的（立法机关的）权力,在其最大的边界上,受

制于社会的公共利益。" Locke, *Second Treatise on Civil Government* 第 11 章,第 135 节,参阅第 89、134、142、158 节和第 124、131、140 节。

[31] Locke,前注[30]引书,"*Of Prerogative*",第 14 章,159 节。

第五节

在美洲殖民地纷纷建立之时,与柯克和洛克的名字连在一起的高级法学说在英国的影响已达到了高潮,这意味着柯克从一开始就占据优势,因为他的理论先于洛克的而传播到美洲殖民地。在17世纪后期的六十多年中,殖民地的立法机关为保障其选民享受《大宪章》所规定的利益(尤其是其中第39条之规定)而做出了不懈努力,这些努力普遍表明柯克的学说在当时已传到了殖民地。英王认为它们的这些努力对王权构成了威胁,所以它们所采取的措施大多数遭到了国王的否决。[1]事实上,由于《大宪章》第29条所谓的"王国的法律"也可以解释为仅仅指殖民地立法机关所颁布的法律,因此上述努力对王权的威胁就更大了。因为凭借这样的解释,第29条不仅肯定了个人权利,而且也肯定了当地的立法自治。[2]此外,不断挑起的有关这些问题的讨论,也有助于确定未来思维模式所需要的语汇。而《大宪章》就成了所有宪法性文件的通用术语,因此也成为约束政府权力的各项原则的象征和指南。[3]

柯克对殖民地的影响还可以在这一时期找到更为具体的证据,其中的一个例子就是马萨诸塞的地方法官于1657年作出的一项裁定。当时易普威治镇为了修建一套住房作为赠给当地牧师的礼物而向居民征税,这位地方法官认为这一决定是无效的。他说,这样的征税"是取之于彼得而用之于保罗",因此有悖于基本法。"如果连国王或议会都不得规定或使得公民的财产在未经他本人同意的情况下,部分地或全部被剥夺而用于他人,那么可以肯定的是,一个镇里的大多数人或其他基层权力机关也不得这么做。"[4]在安妮统治时期,巴贝多的总检察长提出的一项法律意见也具有同样的意义,该项意见认为当时的纸币条例是无效的,因为它规定的简易程序不利于债权人。这项意见的全部依据就是《大宪章》的第 29 条和"共同权利或理性"。[5]而且,在新英格兰之外,甚至在众所周知的奥提斯在 Writs of Assistance Case 的辩论中恢复了柯克的观点之前,就有证据显示柯克在 Bonham's Case 中提出的观点不断被人引证。[6]晚至 1759 年,我们发现一位纽约人漫不经心地提及"宣布它们(法律)无效的司法权力"。[7]这句话如果不是暗指柯克的那一段"附论",那又如何来理解呢?

如果说 17 世纪是柯克的世纪,那么 18 世纪前半叶则是洛克的世纪,在新英格兰尤其如此。光荣革命之后,英国社会中重要成分向美国的移民停止了。殖民地与宗主国政治发展的直接联系也因此而中断了。自此以后,殖民地不得不在大多数场合满足于已掌握的政治思想材料,而事实上,这些材料又完全满足了殖民地的需要,这些对政治思想材料的需要,主要产生于总督与议会之间的争论。与宗主国新思潮的相对隔绝,造成了殖民地智识生活在总体上的贫困。这里几乎见不到书籍,报纸更罕见,人们也很少相互走动。但是,这里仍然有刺激成年人智识的源泉,仍然有与精神世界相联系的环节,那就是牧师的布道。尤其是通过对上帝选民的布道和通过那些引起争议的小册子,新英格兰的牧师将政治理论传授给他们的信徒,这些理论往往不过是对源于17世纪英国的思想材料所作的精心阐述。最近有本书对这个问题作了精湛的论述[8],这里只需记下一些至关重要的内容。

尽管教士们也引用柯克、普芬道夫与西德尼,而且在后来还引用其他一些作家的理论,但是除了《圣经》之外,洛克的理论是支持其政治教义最主要的权威依据。他们布道时所宣讲的教义几乎都是《政府论》的内容。所谓的自然权利和社会契约、政府受制于法律和有悖于法律的措施不具有合法性,以及对非法措施的抵制权利,都是从《政府论》中而来。但是,有两个方面却有所不同,首先一个经常背离洛克模式的地方,就是保留了被统治者和统治者之间订立契约的思想,这一思想非常适合于利用殖民地宪章作为地方自由权证明书的尝试。[9]另外一个背离洛克的地方与其说是事实上的,不如说是表面上的,因为所有这些概念都是以宗教制裁为后盾。但是对于现代读者而言,18世纪清教徒的上帝与洛克的自然法的区别,通常看来只不过是名称上的不同而已。一位教士主张"自然的声音乃上帝的声音",另一位教士认为"理性就等于上帝的声音",还有一位教士宣扬"基督确认了自然法"。[10]所有这些观点都是彻头彻尾的自然神论;理性已抢占了启示的地盘,但它并没有公开侮辱对上帝的虔敬。

我们不应当将这些有关政治话题的教导和鼓吹想

象为是凭空产生的——好像是故意在为一件重大事件的出现做准备,而这一事件迄今只能由最为敏锐颖悟的天才来辨识。其实,这些思想在很大程度上是由新英格兰全体教徒参与的那些热烈且针锋相对的论战触发的。[11]其中之一就是18世纪20年代的那场有关全体教徒是否应当服从宗教会议的论战。更为激烈的一次发生在1740年,那时乔治·怀特费尔德所鼓吹的教义导致了教徒们的普遍觉醒,由此引起了一场论战。怀特费尔德的学说是一种旗帜鲜明且令人不安的平均主义观点,其中散发着卑贱者对高贵者以及幼者对长者的批判精神。而与此同时,传教士在智识上的优越性受到突然出现的一大批大众布道者的威胁。于是,人们再次转向了洛克、西德尼以及其他人,但这一次是为了寻找确认权威的依据,而不是对权威的限制。几年之后爆发的法国印第安人战争,激起教士们通过一系列的布道来颂扬英国的自由,并将英国的平衡宪法与法国的专制相对照。在这些布道中,孟德斯鸠的名字也和洛克的名字一道出现了。[12]

这种布道宣传并不限于新英格兰,甚至也不限于不信奉国教的传教士。帕特里克·亨利从12至22岁一直听从一位信奉国教的传教士讲授英国宪法,这位传教士认为英国的宪法只不过是"君主与臣民的自愿契约"。用后来亨利的话说,"统治是国王与人民之间订立的附条件的契约……任何一方当事人违背了契约,另一方由此也就免除了其遵守的义务"。[13]《独立宣言》的签名者中有一半以上是英国国教的成员。[14]著名的帕森诉讼也是一个重要事件。这一诉讼在弗吉尼亚从1752年一直持续到1758年(亨利作为地方自由权的倡导人参与了这一诉讼),它使得弗吉尼亚人民在此期间面对面地讨论一些宪法的基本问题。[15]"整个事件在较小范围内展示了支持美国革命的政治理论之间存在着的冲突。"[16]与此同时,第一代美国律师也走向了成熟——他们是柯克的学生,只要有必要,他们就随时准备用柯克的学说来支持洛克的理论。[17]

导致美国革命的那场论战是由奥提斯在1761年的 *Writs of Assistance Case* 的辩论中打响第一炮的[18],奥提斯的主张经由培根和维纳选编的《案例节选》,直接在当年的 *Bonham's Case* 中找到了依据。亚当斯对奥提斯的观点作了如下概括:"就议会的法令而言。违背宪法的法令无效,违背自然公平的法令无效,而且如果议会的法令以请愿书所采用的言词来制定,那也将是无效的。执行法院必须废止使用这样的法令。——《法律报告》卷8,载维纳编:《案例节选》,第118页。"[19]亚当斯欢呼道:"就在这一时刻,也就在这个地方,《独立宣言》这个婴儿呱呱落地了。"[20]今天我们还应当加上一句,美国宪法也就在此时此刻诞生了。因为奥提斯的论点远远超出了柯克的观点:普通法院可以凌驾于根据议会的意志而颁布的具体法令之上,而且它的判决是最终判决。

这实际上暗示着可以用地方法院来限制议会的侵权,以保护"英国人的权利"。这一暗示足以将司法审查的思想带到最初的美国各州的宪法中来,尽管这一思想最终要等到几年之后才引起人们的注意。亚当斯本人在针对马萨诸塞总督和议事会而提起的诉讼中,就利用奥提斯的观点反对《印花税条例》[21],而弗吉尼亚县法院也确实宣布这一议案无效。有关该案的报告是这样写的,"所有的法官都一致同意这样的观点:'只要他们认为所公布的法令是违背宪法的',那么该法令就不能约束或影响弗吉尼亚的居民,就与这些居民毫无关系"。[22]晚至1776年,马萨诸塞的大法官威廉·库欣(后来是华盛顿任命的第一批美国最高法院的大法官之一)告诉陪审团,英国议会的法令在美国彻底无效,亚当斯对此倍加赞赏。[23]

殖民地与大英帝国的争论并非始终仅仅依赖于柯

克的学说。亚当斯宣称,奥提斯本人"也是自然法和万民法的大师,他研读过普芬道夫、格劳秀斯、巴贝拉克、伯拉曼奎、万特尔、海涅舍斯等人的著作……他给他的学生所灌输的格言就是,……一个律师无论在他的公案上还是在他的衣袋里,都绝不能没有一本关于自然法、公法或道德哲学的小册子"。[24]不过,奥提斯自己的小册子《英国殖民地所主张的和证明的权利》却几乎完全源于洛克的观点。殖民地的人们有资格享受"和宗主国臣民一样多的权利、自由和特权;而且在某些方面应该比他们享有更多的权利。……如果殖民地人根据宪章所享受的特权得不到承认或被取消,那么他们作为人和公民所固有的、不可分离的自然权利将会依然存在"。[25]一年后,亚当斯在其专题论文《教会法和封建法的目的》中提出如下主张:

> 权利先于所有世俗政府——这就是人法所不能废止或不得限制的权利——这就是源

于宇宙最伟大的立法者上帝的权利。……英国人的自由权不是君主或议会特许的权利,而是原初的权利,是原初契约的条件……它与政府一同产生。……我们的许多权利是固有的、根本性的,是大家作为准则一致同意的,并且是作为政府的开端确立的,这些权利甚至在议会出现之前就已有了。[26]

但是,正是1768年的《马萨诸塞通讯》将柯克与洛克完美地结合起来,同时,它用一些激动人心的语言(可能是从万特尔那里借用而来的)重新阐述了权威本身是有条件的这一中世纪的观点。通讯中最引人注目的一段话如下:

议员们小心翼翼地向内阁提出他们的观点:国王陛下的议会高等法院在整个帝国内具有最高的立法权;在所有自由的国家中,宪法是确定的,由于最高立法机关的权力和权威皆源于宪法,所以它不能摆脱宪法的限制,否则便会破坏自己赖以存在的基础;宪法确认并限制了最高主权和对君主的效忠,因此,国王陛下的美洲臣民既然承认他们受效忠关系的约束,他们就有平等的权利,要求充分享有英国宪法所规定的基本原则;一个人的诚实所得绝对属于他自己,他可以自由地转让这些东西,但没有他的同意任何人不得夺走这些东西,这在本质上是一种基本的、不可变更的权利,这种权利已体现在作为基本法的英国宪法之中,而且王国的臣民历来视其为神圣的、不可改变的权利;因此,美洲臣民除了虑及为自由人和自由臣民这一身份而通过的宪章权利外,还必须相当坚决地主张这种自然权利和宪法权利。[27]

尽管如此,晚至第一次大陆会议的召开,仍有一些人反对依赖任何形式的自然权利。约翰·亚当斯在他的《日记》中记载道:"最让我们绞尽脑汁的有两个问题",其中之一就是"我们除了诉诸英国宪法和我们美国的宪章和特许状之外,是否还应当诉诸自然法。盖洛韦先生和杜安先生主张抛弃自然法,我则努力主张保留并坚持自然法,以此作为一种救助手段;在我们还没有意识到时,英国国会也许已迫使我们诉诸这一手段了"。[28]大陆会议所通过的"宣言和决议"证明亚当斯与时代的节奏是合拍的。决议一开头就主张,"在北美的美洲殖民地的居民们",依照永恒不变的自然法、英国宪法的原则以及某些宪章和公约,"皆有权享有生命、自由和财产"。[29]

美国的演说家们也注意到了由此推出一个观点,即一个基于共同人性而主张共同权利的单一共同体。也正是在第一次大陆会议上,帕特里克·亨利发表了著名

的演说:

> 政府已经解体了,……你们的地界在哪儿呢?你们殖民地的边界又在哪儿呢?先生们,我们处在一种自然的状态,……弗吉尼亚人、加利福尼亚人、纽约人和新英格兰人之间的差别已不复存在了。我并不是一个弗吉尼亚人,而是一个美国人。[30]

日常演讲所提供的更为寻常的证据也表明同样的情形:"这些联合殖民地的人民""你们全体人民""美国人民""美国人的自由权""美国人的权利""美国的权利""美国人"[31],这些短语频繁出现在当时的文件中,说明美国人意识到他们无论在哪里,在拥有人的权利方面是相同的,自然权利正在变成国民权利。

同时,我们必须认识到,美国革命既是争取个人自由的斗争,又是争取地方自治的斗争。事实上,这两种动机并不是相互竞争的,而是相互补充的。对殖民地政治史(尤其是最后几十年)的发展进程进行逻辑推导,就会发现对个人权利最完善的保护,体现在维护殖民地立法机关针对王室总督的、来之不易的特权之中;换句话说,体现在他们在当地称为他们的"宪法"之中。[32]因此,美国人反对英国人借口的主张所采用的最终形式,绝不是大家一致同意的、在辩论中强调的观点所提示的那些思想,而是稳固地建立在本土制度发展之上的思想。正如杰斐逊在其《观点综述》(1774年出版)中所说的那样,它包含了这样一些命题,即英国议会无论如何无权为殖民地立法,无论这种法律是否与人权相符合;各殖民地是相互独立的共同体,和英格兰本身一样是大英帝国的平等成员;每个成员皆有一个在其疆域内具有最高立法权的议会;每个成员仅仅通过一个共同的君主个人而与帝国取得联系,这个君主"不过是人民的首领,他是由法律任命的……为了帮助伟大的国家机器的正常运作而已,而这一国家机器又是供人民使用而设立的"。[33]两年之后,同样由杰斐逊起草的《独立宣言》提出了相同的理论。《独立宣言》不是针对议会的,而是针对国王的,因为正是通过国王本人,殖民地和大英帝国的联系才幸存下来,而这一联系也将要切断了。在《独立宣言》中,美国人关于政府与个人权利关系的学说找到了经典的表述,这些权利又由13州关于独立的主张予以保护。[34]

现在,我们由美国革命的破坏性阶段转入建设性阶段,这一次是由弗吉尼亚带头的。1776年的,弗吉尼亚宪法以这样的话开始:"善良的弗吉尼亚人民的代表们制定了权利的宣言……这些权利永远属于他们和他们的子孙,并且是政府的基础和源泉。"[35]这一文件(比《独立宣言》早一个月)详细列举了那些美国人最初作为英国臣民、后来作为人所要求的权利,那些他们现在希望作为公民依靠他们自己建立的政府来保护的权利。

在世界史上,将革命原则作为建立政治制度的基础,这还是第一次。

那么,如此产生的政府,其性质又是什么呢?1776年的弗吉尼亚宪法又一次为我们树立了典范。[36]在这里,立法部门的权力被抬得很高,而行政部门的权力则相应地受到抑制。早期弗吉尼亚的州长是由立法机关每年选举产生的,并由立法机关选择的州议事会辅助其工作,而且如果这个机构愿意的话,州议事会的成员可以直接从立法机关中遴选。州长没有否决权,也没有任何参与立法的权力,他的薪水也完全由州议会来确定。法官的情形略微好一点,他们只要"表现出色"便可一直担任职务,但是他们也是由州议会任命的,更谈不上丝毫的司法审查制度。最后,法官和州长都要受制于弹劾,这也是由英国的先例确定的,这在事实上相当于对他们的工作可以作毫无限制的审查。从该宪法文件规定的全部条款来看,它的基本假定就是,个人的权利根本没必要害怕由议会立法机关行使的多数统治,这样的机关是由受限定的(尽管从总体上讲是民主的)选民选举产生的,且其任期也很短。总而言之,像在柯克和洛克那里一样,维护高级法的重任被委托给至上的立法权,尽管立法权受到每年一次选举的制约。幸运的是,或者说不幸的是,在1776年,柯克和洛克的影响已远不如以前那么显著。就在与英国议会争论的过程中,一种新的观点引起了美国人的注意,其最终结局在当时尚无法预料。[37]

阿克顿勋爵将美国革命描写为两种立法权思想的斗争。甚至晚至关于1766年(公告)*的辩论中,美国人期求用宪法来划定英国议会的界限,在英国人中也曾引起一定的反响。的确,伯克将所有关于法定权利的问

---

* 指1766年英国议会在废除《印花税条例》时发布的声明,其中仍坚持英国议会有权制定在北美殖民地有约束力的法律这一原则。——译者注

题统统扔到一边,而仅仅依据利害的权衡来支持美国的事业。但是,当时法律声望最高的卡姆登却引用柯克和洛克的学说来支持英国议会的权力并非无限这一命题;查特姆采取一种中间立场,自称发现了征税权和立法权的基本区别,主张征税权须经代表的同意,以此作为对征税权的限制。[38]然而,卡姆登和查特姆不过是一些例外,曼斯菲尔德在贵族院中为1766年《公告》所作的辩护,才表明了当时大多数法律职业阶层所持的基本观点[39],这位曼斯菲尔德几年前作为副检察长曾以赞同的口吻引用柯克在 *Bonham's Case* 中的"附论"。该议案以压倒多数获得通过,这实质上使英国议会应和了密尔顿在一个世纪之前作出的结论:"议会高于所有的实证法,无论它是民法还是普通法。"[40]

将这种新学说传播到美国应归功于布莱克斯通的《英国法释义》,在美国革命前,在大西洋这一边已卖出大约2500册《释义》。[41]布莱克斯通的影响在美国革命前那场辩论的后期广泛传播,这可由杰斐逊的话加以印证。杰斐逊曾提到"一帮年轻的法学家",受到"布莱克斯通甜言蜜语的曼斯菲尔德主义"的蛊惑,"……开始滑入托利主义"。[42]而且布莱克斯通对各派人物的魅力也不难理解,尽管他的著作有一些显然自相矛盾的地方,但体现于其中的滔滔雄辩、温文尔雅和镇定自若,以及他那善于巧妙地提出新观点、而又不至于不必要地搅扰老观点的能力,都显示出他是一位在法律条文上和司法实践中运用隐晦风格的榜样和楷模。

当布莱克斯通还是学生时,就已发表了《英国臣民的绝对权利》一文,他的一部比较重要的著作的第1卷第1章就取了类似的标题。从表面上看,这篇文章好像完全赞同洛克的哲学,但是经过进一步的仔细研究之后,发现他与洛克之间存在着重大的分歧。他将"自然自由"定义为"除自然法之外,人不受任何约束和限制地采取他认为适当的行为的能力"。它是"我们生来固有的权利",是上帝赐予的、与"自由意志能力"相称的礼物。但是他认为,"当每一个人进入社会时,就得放弃一部分自然自由,并以此作为代价进行一次意义重大的交易",通过这一交易而购得"公民自由"。公民自由就是"目前受到人法约束的"自然自由,"而约束的最大限度不得超过一般公共利益所必需的和所要求的范围"。[43]这段话与严格意义上的洛克立场有两方面的分歧。其一,如上所述,洛克也认为公共效用是自由可以接受的约束,但并不是它的唯一约束;其二,洛克并没有像布莱克斯通那样主张立法权力是这一问题的最终裁决者。

当布莱克斯通转而在《大宪章》和"正式认可的法规"中考虑英国人自由权的实证基础时,他与洛克的分歧也就更明显了。在这方面,布莱克斯通的语气显得异常得意。他认为这些法律文件里所宣布的权利至少要包括:

> 第一,残余的自然自由,即社会的法律并

不要求为公共利益而舍弃的那部分自然自由；第二，就是那些公民特权，它们是由社会提供的，作为个人舍弃的自然自由的补偿。所以，这些权利就是从前全人类或者通过继承或者通过交易而享有的权利。但是，这些权利目前在世界上其他大多数国家里或多或少遭到践踏和摧残。可以这么说，它们现在仍然以某种独特而显著的方式继续作为英国人民的权利。[44]

但是，当布莱克斯通开始探寻被他吹得有点过头的英国人的"权利和自由"的界限时，他那固定不变的参照系只是他那个时代的法律状况——他从来没有诉诸任何更高级的标准。

这样，布莱克斯通用从洛克和柯克那里借来的术语铺设了通向与他们的立场截然相反的道路，这就是霍布斯和曼斯菲尔德的立场。在精心阐述这一立场时，布莱克斯通提出以下几个命题。第一，"它们（国家）有且必须有一个最高的、不可抗拒的、绝对的、不受约束的权威……"第二,这个权威就是"国家主权所拥有的……制定和实施法律方面所固有的自然权利";第三,"国家的其他权力","在行使其职能"时必须服从立法权,"否则宪法就形同虚设";最后,大英帝国的立法权属于议会,因此主权也就归于议会。[45]由此自然可以推出,无论是法院否决议会法令的权力,还是革命权都既没有法律依据,也没有宪法基础。诚然,"议会的法令只要无法实施就是无效的",但这仅仅适用于那些在不言而喻的意义上无法实施的法令,因为"当议会的意图以简单明确的词语……来表达时,法院就无权拒绝采纳议会的旨意"。[46]至于革命权——他的回答是"只要……英国的宪法仍然有效,我们就敢大胆地断言,议会的权力是绝对的,它不受任何约束"。[47]

尽管布莱克斯通在前面的论述中有模棱两可之处,但是他最终没有就这样一个结论做出丝毫让步,即在他

看来,整个王国的法律结构体系完全控制在议会手中。因此,他这样写道:

> 在法律的制定、认可、扩充、限定、废止、撤销、恢复和解释方面,议会具有最高的、不受约束的权威……所有政府都必须具有这一绝对的、专断的权力,而这些王国的宪法又将这一权力委托给了议会。凡是正常的法律程序所无法解决的所有痛苦、报怨、运作措施和救济手段,皆可以在议会这个超常的法庭里得到解决。……一句话,除了受客观规律的限制外,议会没有办不到的事情。所以,有些人(一个非常大胆的人物)毫不犹豫地将议会的权力称为议会的无所不能。议会所作出的决定,人间再没有权威能够否决,这绝非妄言。[48]

稍后的德·鲁姆将这种绝对主义的理论归结为一句常

被人引用的名言:"议会除了无法将男人变成女人或使女人变为男人,没有它办不到的事情。"

这样,美国已有的政治思想资料中又添上了立法至上的观念。[49]它与早期思想家已提供的理论的基础在根本上是相矛盾的,这一点十分明显。在大多数场合,柯克和洛克教导我们要警惕和防卫权力;与此相反,在布莱克斯通这里,正如在霍布斯那里一样,我们看到的是对权力的赞美和颂扬。而这一切都出现在这样一个时候,不仅美国现实的政府结构,而且美国人民中间这种强烈的思想倾向,都给立法权至上的论点提供了它得以顺利立足的一切可能。

《独立宣言》所提出的关于革命权的理论是最为保守的。这一权利不得以"微小的、暂时的原因"予以实施,而只能用来阻止一种确定无疑、蓄意图谋的暴政。但是,在《宣言》公布一年之内,我们发现波士顿的本杰明·希克鲍公开宣称下述学说:

> 我认为,公民自由不是指"依法施政",也不是指遵守宪章、权利法案和公约,而是指一种存在于全体人民的权力,人民可以在任何时候,以任何理由,或者根本没有理由,只是出于他们自己的主权意愿,就可以用该权力改变或废除任何以前存在的政府的形态和性质,并代之以新的政府。[50]

以这种方式表达的人民主权学说最终会被用来反对立法主权以及在紧要关头反对各州的地方主义。但是,在一开始,它却促进了这两种思想的发展,因为人们认为,比起大陆会议,州离人民更近一点,而在州里,和其他机关相比,立法机关离人民更近一点。[51]这样,《查士丁尼法典》中那段著名的有关人民主权的条文(我们在这本书的开头便已引用过这段条文)所导出的立法权至上的理论,在其本源中又得以复活,其结果则是所有各种不同的人权受到这样一种威胁,即被一种单一的权利所湮没,这种单一的权利属于大多数人民,或者更确切地说,是指由立法机关的大多数成员所代表的权利。[52]

89　　那么,为什么在我们的宪法制度中,最终并没有确立立法至上的原则呢？如果我们在此仅从制度层面上来回答这个问题,那么有两方面的原因。一方面,在美国的成文宪法中,高级法最终获得这样一种形式,这种形式可以给它提供一种全新的有效性,即源于主权人民的制定法规的有效性。一旦高级法的约束力转移到这种全新的基础上,那么普通立法机关至上的观念就自动消失了,因为一个服从于另一个立法机关的机构不可能是一个主权的立法机构。但是,另一方面,如果没有司法审查制度作后盾,即使制定法的形式也无法保证高级法作为个人求助的源泉。既具备制定法的形式,又以司法审查制度作补充,高级法又恢复了它的青春活力,从而进入了其历史上的一个伟大时代,这是从查士丁尼时代以来法学上最富有成果的时代。

注　释

［1］详细论述参见 Hazeltine, *Magna Carta Commemoration Essays*(1917)第191—201页。Mott, *Due Process of Law*(1926)第1章和第6章对这一问题作了进一步补充。

［2］Hazeltine,前注［1］引书,第195页。

［3］同上注,第199—200页。

［4］2 Hutchinson, *Papers* (Prince Soc. Pubs. 1865) 1-25.

［5］Chalmers, *Opinions of Eminent Lawyers*(1814),卷2,第27—38页,尤其是第30页。

［6］参见 Mott, *Due Process of Law* 第91页,注释19。

［7］2 *New York Historical Society Collections* (1869)204.

［8］Baldwin, *The New England Clergy and the American Revolution* (1928).

［9］这一事实也可以解释为什么约翰·怀斯偏爱普芬道夫胜过洛克,尽管这有可能是由于他有普芬道夫的著作而没有洛克的著作。

[10] Baldwin. 前注[8]引书,第93页,注释29,第43页,注释73。亦可参见第四节注[3]。

[11] 同上注,第5—6章。

[12] 同上注,第88—89页。

[13] Van Tyne, "Influence of the Clergy on the American Revolution" (1913) 14 *Am. Hist. Rev.* 49.

[14] Letter of G. MacLaren Brydon, *N. Y. Times*, May 30, 1927,引自Perry, *The Faith of the Signers of the Declaration of Independence* (1926)。来自南方殖民地的签署者,除了一个来自马里兰的(天主教徒)和另一个来自佐治亚的以外,全部是信奉英国国教的信徒。

[15] Scott, "The Coustitutional Aspects of the 'Parson's Cause'" (1916) 31 *Pol. Sci. Q.* 第558页以次。这场争议引起对"无效的法律"的更多的讨论,尽管这种讨论来自教士一方,而且所讨论的只涉及弗吉尼亚议会所颁布的法令。

[16] 同上注,第577页。

[17] Warren, *History of the American Bar* (1911)第2—8章;

Lecky, *American Revolution* (Woodburn ed. 1922)第 15—16 页。

[18] Quincy (Mass. 1761) 51-57,及附录 395-552,其中 469-485 尤为相关;还有 Adams, *Life and Works* (C. F. Adams ed. 1850),卷 2,第 521—525 页,卷 10,散见于第 232—362 页。

[19] Quincy 474 (Mass. 1761).

[20] 10 Adams, *Life and Works* 248.

[21] 同上注,卷 2,第 158—159 页;Memorial of Boston, Quincy 200-202 (Mass. 1765)。奥提斯也表达过同样的意思。出处同上,第 205 页。亚当斯在 Letters of Clarendon(载 Adams, *Works* 卷 3,第 469 页)中又重申了他的主张。反对《印花税条例》的一个特别强调的理由,就是该条例企图将海事法院的管辖权扩展到依照该条例必须加以惩罚的那些案件上,以此废除陪审团的审判,从而违背了《大宪章》。出处同上,第 470 页。当时的总督哈钦森写道:"此时盛行的理由是议会的这一条例违背了《大宪章》,违背了英国人的天赋权利,因此,依照柯克勋爵的观点,它是完全无效的。"附录,Quincy 注释 527 (Mass. 1769),大意相同的论述亦见前引书,第 441、445 页。

[22] 5 McMaster, *History of American People* (1920) 394.

[23] 9 Adams, *Life and Works* 390. 同时,这一附论渗透着强烈的洛克气息,已被用来反对国内的立法。参见乔治·梅森在 *Robin v. Hardaway*[Jefferson 109-123 (*Va.* 1772)]案中的主张,其中,弗吉尼亚议会于 1682 年通过的一项法令被宣布无效,梅森的主要依据是柯克和霍伯特的观点。

[24] 10 Adams, *Life and Works* 275.

[25] 这本小册子的出版日期为 1764 年。亚当斯在《生平与著作》(卷 10,第 293 页)中对它的概括就是对洛克《政府论》(下篇)第 11 章的概括。在奥提斯的《为众议院辩护》(1762)中,洛克被描写为"有生以来最智慧……最诚实……最公正的人……他作为为英国争光的伟人……连英国教会也不得不予以称颂"。

[26] Adams, *Life and Works*,卷 3,第 448—464 页,尤其是第 449、463 页。

[27] MacDonald, *Documentary Source Book* 146-150. 参阅 Vattel, *Law of Nations* (London tr. 1797)卷 1,第 3 章,第 34 节。

立法机关和君主服从于宪法是这一章和下一章讨论的主题。这部著作首次出现于1758年。

［28］Adams, *Life and Works* 374.

［29］MacDonald,转引前注［27］,第162—166页。

［30］2 Adams, *Life and Works* 366-367.

［31］Baldwin, *View of the Origin and Nature of the Constitution of the United States*（1837）15-16；Dillon, *Laws and Jurisprudence of England and America*（1895）46-48. 亦参见 Niles, *Principles and Acts*（1876）第134—135、148页。

［32］"宪法"一词的这种用法有时指殖民地宪章,有时指殖民地已确立的统治方式,参见 *Journals of the House of Representatives of Massachusetts*（1720）第2期,第370页；同前,第8期（1728）,第279、302、318页。在新泽西州,1702年之后还没有宪章,"宪法"一词指的是在王室总督的指示基础上发展起来的整个统治方式,但是,这一词的使用也可能是受了新泽西1683年的《基本宪法》的启发。C. R. Erdman, *The New Jersey Constitution of 1776*（即将印行）.

[33] 11 Jefferson, *Writings* 258; *The Jeffersonian Cyclopedia* (Foley ed. 1900) 963-968. 杰斐逊明确地声称他是系统阐述这一观点的第一人。9 Jefferson, *Writings* 258. 但他在这里犯了一个严重错误。理查德·布兰德,斯蒂芬·霍普金斯,约翰·亚当斯,詹姆士·威尔逊,本杰明·富兰克林,罗杰·谢尔曼,詹姆士·艾尔德尔及其他一些人都在他之前阐述这种观点。霍普金斯和富兰克林甚至比他早提出近10年。事实上,早在17世纪,爱尔兰利益的辩护者就已发展出类似的学说。关于这一问题的全部讨论,参见 Adams, *Political Ideas of the American Revolution* (1922) 第3、5章; Becker, 第四节注[2]引书, 第3章; McIlwain, *The American Revolution* (1923)。

[34] 将《独立宣言》和《弗吉尼亚权利宣言》(1776)相对比(后者出自乔治·梅森的手笔),就会发现杰斐逊受惠于《弗吉尼亚权利宣言》(1776)之多更令人吃惊。Niles, *Principles and Acts* 301-303. "追求幸福"这句话可能是受布莱克斯通的启发,布莱克斯通主张将自然法提炼为"一句家长式的箴言:'人应当追求自己真实的、且具有物质内容的幸福'"。1 Bl. *Comm.* 41.

Burlamaqui, *Principles of Natural and Political Law*(1859),该书的英译本出版于 1763 年(这部著作最早出版于 1747 年),其中详细地阐述了相同的信条。参见前书,卷 2,第 18 页。"一系列的暴政"这一短语是出于杰斐逊对洛克的《政府论》(下篇)第 19 章第 225 节的追忆。

[35] 7 Thorpe, *Federal and State Constitutions, Golonial-Charters and Other Organic Laws*(1909) 3812-3814.

[36] 同上注,第 3814—3819 页。

[37] 关于参加革命的各州宪法的一般论述,参见 Nevins, *The American States During and After the Revolution*(1924);Morey,"First State Constitutions"(1893) 4 *Ann. Anz. Acad. Pol. and Soc. Sci.* 201-232;Webster,"Comparative Study of the State Constitutions of the American Revolution"(1897),出处同前,第 9 期,第 380—420 页。

[38] 参见有关(宣言法案)的辩论,16 Hansard, *Parliamentary History*(1813)散见于第 163—181、193—206 页各处。卡姆登的言论尤为激烈:法案是"非法的,绝对地非法,它与基本的

自然法相矛盾,与这一宪法的基本法相矛盾"。出处同前,第178页。另一方面,人们也否认《大宪章》可以作为"我们现在的宪法的证据。这个国家的宪法总是处于一种变动状态,它要么在获取什么,要么在失去什么"。出处同前,第197页。

[39] 同上注,第172—175页。

[40] McIlwain, *High Court of Parliament* 94. 有关议会主权概念的兴起,参见 Holdsworth, *Some Lessons from Our Legal History* (1928) 第112—141页。詹姆士·怀特洛克在1610年关于征税问题的辩论中,首次提出受议会约束的君主优越于不受议会约束的君主。同前书,第124页。有关这一问题的分歧出现在关于 Septennial Act of 1716 的辩论中。出处同前,第129页。7 Hansard, *Parliamentary History* 317, 334, 339, 348-349.《宣言法令》的学说在议会之外引起了很多抗议。Mott, *Due Process of Law* 注释63。一个姗姗来迟的议会权力有限的学说,参见前引书,注释67,其中引用了图尔明·斯密斯的各种著作。但是,斯密斯并不是司法审查的倡导者,他警告人民谨防像美国最高法院这样的制度。出处同前,注释68。

[41] 第 1 卷出现于 1765 年,第 4 卷出现于 1769 年。该书的美国版于 1771—1772 年出现于费城,是足本。其中 1400 册是事先预订的。Warren, *History of the American Bar* 178.

[42] 11 Jefferson, *Writings* (Mem. ed. 1903) iv. 杰斐逊对"布莱克斯通式的法学家"评价并不高,他称他们为"朝生暮死的法律小虫子"。

[43] 1 Bl. *Comm.* 125-126。

[44] 同上注,第 127—129 页。

[45] 同上注,第 49—51 页。

[46] 同上注,第 91 页。

[47] 同上注,第 161—162 页。

[48] 同上注,第 160—161 页。

[49] 但是,布莱克斯通并不是将这种观点介绍到殖民地的第一个人。参见一些早期的布道演说,记录于 Baldwin,前注[8]引书,注释42。"立法机关不向任何人负责,在它之上不存在权威……"

[50] Niles, *Principles and Acts* 47.

[51] 大陆议会的文件记录中所显示出的地方主义的滋长,特别是有关《邦联条款》中显示的,参见 Adams, *Jubilee Discourse on the Constitution* (1839)第13页以次。

[52] "自然法并非如同英国的功利主义者所主张的那样,是个人任意偏好的同义词,这种看法出于他们对自然法历史的无知。相反,自然法是文明人集体理性的活生生的体现。……但是它也有自身的局限。……自然正义没有办法……在两个或更多的同样有理的解决办法中选择可行的一个。这时候我们就求助于实证法,或者是制定法,或者是习惯法。"Pollock, *Expansion of the Common Law*(1904) 128. 分析法学派反对高级法观念的论证必须置于这一限度内:把"法律"一词限定为国家强制实施的规则要稍好一些。但是这一事实并不能证明这一术语应被适用于所有这样的规则。分析法学的思想家在极力主张这么做时,他们所努力的是偷换什么东西——他们企图把"法"(被认为是正义的体现)一词所带有的声望,转移到国家支持的、不配享有这一声望的规则上去。换言之,分析法学家所碰到的麻烦,不是他们把"法律"定义得太窄了,而是定义得太宽泛了。

译后记

承蒙梁治平先生的支持和鼓励,遂试着翻译了这本小书。虽说短短几万字,但是考文教授这种雄辩而又典雅的文风却给我带来了许多意想不到的困难。好在有众多师友的帮助,解决了不少疑难。当然,全部译文当由我本人负责。讹误之处,尚祈读者诸君匡正。

最后,我向下列师友表示真诚的感谢:李强先生逐字逐句校阅了全书,大大改进了译文的质量;朱苏力先生和贺卫方先生帮助解决了不少翻译中的疑难;赵晓力君和郑戈君阅读了部分译稿,并提出宝贵的修改意见。当然,我还要提及我的妻子孙郦馨,是她不辞辛苦维持着我们寄居三地的三口之家的生计,同时又对我的读书偏好深表理解和支持,每念及此,除了感激,还生出一份内疚来。

强世功

1995年6月26日于北大47楼2101室

图书在版编目(CIP)数据

美国宪法的"高级法"背景/(美)考文(Corwin, E. S.)著;强世功译;李强校.—北京:北京大学出版社,2015.2
ISBN 978-7-301-25002-0

Ⅰ.①美… Ⅱ.①考… ②强… ③李… Ⅲ.①宪法—研究—美国 Ⅳ.①D971.21

中国版本图书馆CIP数据核字(2014)第241896号

书　　　名	美国宪法的"高级法"背景
	MEIGUO XIANFA DE "GAOJIFA" BEIJING
著作责任者	〔美〕爱德华·S.考文　著　强世功　译　李　强　校
责任编辑	柯　恒　陈晓洁
标准书号	ISBN 978-7-301-25002-0
出版发行	北京大学出版社
地　　　址	北京市海淀区成府路205号　100871
网　　　址	http://www.pup.cn　http://www.yandayuanzhao.com
电子邮箱	编辑部 yandayuanzhao@pup.cn　总编室 zpup@pup.cn
新浪微博	@北京大学出版社　@北大出版社燕大元照法律图书
电　　　话	邮购部 010-62752015　发行部 010-62750672
	编辑部 010-62117788
印　刷　者	北京中科印刷有限公司
经　销　者	新华书店
	880毫米×1230毫米　32开本　7印张　81千字
	2015年2月第1版　2024年9月第2次印刷
定　　　价	39.00元

未经许可,不得以任何方式复制或抄袭本书之部分或全部内容。
版权所有,侵权必究
举报电话:010-62752024　电子邮箱:fd@pup.cn
图书如有印装质量问题,请与出版部联系,电话:010-62756370